品质课程聚焦丛书

王雪梅　杨四耕　主编

活跃的学习图景

学校课程深度实施

季媛媛◎主编

全国教育科学"十三五"规划课题

"区域推进中小学品质课程建设的实践研究"

（课题编号 FHB180571）之研究成果

华东师范大学出版社

·上海·

图书在版编目（CIP）数据

活跃的学习图景：学校课程深度实施 / 季媛媛主编
. —上海：华东师范大学出版社，2021
（品质课程聚焦丛书）
ISBN 978-7-5760-2287-2

Ⅰ.①活… Ⅱ.①季… Ⅲ.①小学-课程建设-教学
研究 Ⅳ.①G622.3

中国版本图书馆CIP数据核字（2021）第239276号

品质课程聚焦丛书

活跃的学习图景：学校课程深度实施

丛书主编 王雪梅 杨四耕
主 编 季媛媛
责任编辑 刘 佳
特约审读 徐曙蕾
责任校对 林文君
装帧设计 卢晓红

出版发行 华东师范大学出版社
社 址 上海市中山北路3663号 邮编 200062
网 址 www.ecnupress.com.cn
电 话 021-60821666 行政传真 021-62572105
客服电话 021-62865537 门市（邮购）电话 021-62869887
地 址 上海市中山北路3663号华东师范大学校内先锋路口
网 店 http://hdsdcbs.tmall.com/

印 刷 者 浙江临安曙光印务有限公司
开 本 787×1092 16开
印 张 15.5
字 数 140千字
版 次 2021年12月第1版
印 次 2021年12月第1次
书 号 ISBN 978-7-5760-2287-2
定 价 48.00元

出 版 人 王 焰

丛书总序

自2015年以来，我们在合肥市蜀山区推进"品质课程"项目，致力于学校课程文化变革，改变区域课程改革生态。这些年，我们深刻地感受到，课程是一种文化存在，文化是课程的存在方式和存在本身。

怀特海指出，过程是世界万物固有的本性。[①] 在他看来，"事件"和"事物"不同：事件是唯一的，是不可重复的；而事物则是自然之物，是永恒的。[②] 据此，我们认为，课程文化不仅仅是事物的集合，更是事件的生成。我们可将课程文化理解为事件之展开而非仅仅是事物之集合，由此所展现的将是课程文化要素、课程文化形态、课程文化主体共同构成的一幅立体兼容的文化图景。

从"事物"角度看，课程文化是课程形态和课程实践蕴含的价值、信仰、规范以及语言等文化要素的合生体，这些文化要素构成了课程文化的基质。因此，课程文化是一种信仰、一种语言、一种规范、一种眼光、一种思维方式、一种处理问题的方式，它们具体表现为课程精神文化、行为文化、制度文化以及物质文化。课程文化要素的相互摄入以及微观生成，构成学校课程文化变革的内在过程。在怀特海看来，把具体要素据为己有的每一过程叫作摄入。[③] "摄入"理论从微观层面说明了现实存在自我生成的内在机制。

课程精神文化、行为文化、制度文化以及物质文化诸要素相互摄入进而存在于另一存在之中，成为相互依存的合生体。在这个合生体中，课程精神文化是最核心的、最深层的、根部性的文化要素，是课程物质文化、制度文化与行为文化的价值凝练和理念引领。课程制度文化是具有中介性质的文化，它联结课程物质文化和行为文化，既是课程物质文化的制度保证，又是课程

---

① 怀特海.过程与实在：宇宙论研究（修订版）[M].杨富斌，译.北京：中国人民大学出版社，2013.

② 陈奎德.怀特海哲学演化概论 [M].上海：上海人民出版社，1998.

③ 杨富斌，等.怀特海过程哲学研究 [M].北京：中国人民大学出版社，2018.

行为文化的规约机制。课程行为文化是课程文化的表现，既受课程精神文化的直接影响，又受课程制度文化的现实规范。课程物质文化处在表层，是课程精神文化、课程行为文化和制度文化的空间和载体。如此，课程文化诸要素相互摄入、相互作用，共同构成课程文化的深层结构。

课程文化变革过程包含"物质性摄入"与"概念性摄入"，[①]这两种摄入是多维关联的重构过程，其中微观生成是生动活泼而丰富多彩的。一般地说，学校课程文化诸要素之间的相互摄入，其中课程精神文化居于核心地位，它体现于其他各要素之中。课程文化变革可以从课程文化的部分要素开始，以点带面，但要实现课程文化彻底转向，或要真正提升学校课程品质，就必须整体协调课程文化之各要素，就要以"文化的眼光"或"思维方式"进行这种摄入行动的思考和判断。

以上是课程文化的"事物观"及其变革机理。在这里，我想再说一个观点，那就是：课程文化不是简单的要素组合，而是一个展开的事件。正如巴迪欧在《存在与事件》一书中所言：真理只有通过与支撑它的秩序决裂才得以建构，它绝非那个秩序的结果；我把这种开启真理的决裂称为"事件"；真正的哲学不是始于结构的事实（文化的、语言的、制度的等），而是仅始于发生的事件，始于仍然处于完全不可预料的突现的形式中的事件。[②]从"事件"角度看，课程文化是一个不可能重复出现的生成过程，处于不断运动变化之中。作为"事件"的课程文化之真理即是在完整的课程实践中成就人、发展人和完善人。

课程文化是学校里公开的或隐蔽的信念、行为、习惯和价值观等要素相互"包含""进入""创造""构成"的"合生"事件，它融合了课程的物质和精神两个层面的意涵，它不仅包含课程意识、课程理念、课程价值等内隐的精神文化形态，而且包含学校课程实践过程中所创造的课程物质、课程制度以及课程行为等外显的文化形态，是诸要素相互参与和多维互动的创造过程，是"事件"的生成与发生过程——因为"文化的每一个方面都是一个能够改

---

① 怀特海认为，对现实存在的摄入——其材料包含着现实存在的摄入——叫作"物质性摄入"；对永恒客体的摄入叫作"概念性摄入"。参阅：杨富斌，等.怀特海过程哲学研究［M］.北京：中国人民大学出版社，2018.

② Alain Badiou. Being and Event［M］. London: Continuum International Publishing Group, 2006.

变文化的创造源，都是非常主动的创造性力量"①。

　　一种文化首先意味着一种眼光，眼光不同，对所有事情的理解就不同。②
课程文化是我们做事的眼光、处事方式或思维习惯，是生长着的"事件"，是
我们理解课程实践、推进课程变革的眼光。当然，课程文化虽然是一个"事
件"，但在本体论意义上，课程文化仍然是一种不易感知的实在。人类学家指
出，人们一般意识不到他们身边的文化，因为此类文化表现为平常的生活，
表现为看上去正常和自然的东西。文化以无意识的状态或者说未被检查的状
态悄悄地让我们做出选择、进入生活。③

　　但是，这并不妨碍我们认识课程文化，我们仍然可以用智慧感知课程
文化的存在，我们仍然可以用眼睛捕捉课程物质文化、制度文化、行为文化
和精神文化。课程物质文化是以物质形态存在的设施和空间，这是课程文化
赖以存在的物质基础与场域条件；课程制度文化是学校制定的规约课程实
践的活动程序和价值规范，是学校课程变革过程中形成的价值体系和活动规
则；课程行为文化是行为主体在长期的课程实践过程中形成的处理课程事
务的一以贯之的行为方式，这种行为方式具有长期稳定性、潜意识性和无
需提醒等特点；课程精神文化是学校课程文化的核心，是主导学校课程实
践的理念和精神，通常会借助富有哲理的语言加以概括。这些课程文化要
素，我们可以"看见"它们的合生性存在，也可以"分辨"它们的原子性
存在。

　　我们的结论是：课程与文化有着天然的血肉联系，凡是课程变革一定是
文化变革，没有文化内核的课程变革很难取得成功；文化变革需要课程建设
支撑，没有课程支撑的文化变革是不可思议的。怀特海指出，现实存在就是
合生，每一个现实存在都不是只有一种元素的简单的存在，不是原子论意义
上的存在，而是由诸多要素构成的合生或有机体。④在学校课程变革过程中，
课程与文化二者"合生"即生成课程文化。课程与文化的"合生"设计，是
学校课程文化变革的重要方法。

①②　赵汀阳.赵汀阳自选集［M］.桂林：广西师范大学出版社，2000.
③　约瑟夫，等.课程文化［M］.余强，译.杭州：浙江教育出版社，2008.
④　怀特海.过程与实在：宇宙论研究（修订版）［M］.杨富斌，译.北京：中国人民大学出版社，
2013.

在具体操作上，推进学校课程文化变革有两条道路可供选择。第一条道路是自上而下的演绎道路，实现从文化概念到课程设计的"合生"。首先确定学校课程哲学，包括学校课程理念、课程愿景、育人目标和课程目标。其次，厘定学校育人目标和课程目标。再次，梳理学校课程框架，设计学校课程内容。复次，活跃学校课程实施，使课程功能最大化。最后，把握学校课程评价和管理。如此，课程文化建设是从文化概念建构开始的，由此展开学校课程整体规划，实现从文化概念到课程设计的"合生"。

第二条道路是自下而上的归纳道路，实现从课程实践到文化逻辑的"合生"。学校课程文化建设实际上也是学校文化决策过程，每一所学校都有自己的文化背景，包括周边的文化资源、历史传统、现实经验，这是学校课程文化变革的客观基础，也是学校课程哲学生长的土壤，"土质"的不同导致学校课程哲学追求的不同。在分析学校课程情境的基础上，对学生的需求进行调查，了解现有课程的实施情况，发现学校课程中存在的问题；根据学校课程情境分析和学生需求调查，形成学校课程哲学，明确学校的育人目标和课程目标；基于课程价值需求分析，建构学校课程框架与体系；布局学校课程实施的多维途径和多种方式，确保课程实施的有序与有效；制定一套课程管理制度，保障课程变革顺利推进；制定一套评估方法，对课程品质进行评估。这是由课程实践到文化逻辑的"合生"过程。

合肥市蜀山区"品质课程"项目实践表明，学校课程文化变革可以是演绎式，也可以是归纳式。演绎式可理解为"概念先行——实践验证"方式；归纳式可理解为"实践探索——归纳提升"方式。课程是具有情境性和价值负载的文本，学校课程文化变革宜采取"理论、研究与实践互动"的方式。这种方式不完全依赖于概念或理论，也不脱离学校实际情境。在学校课程实践中，以学校课程情境为基础，以课程的实际问题为切入点，以理论为指导，以概念为圆心，边研究边行动，在实践中总结提炼，又在实践中加以验证与改造，在理论与实践的互动互补、碰撞对话中生成学校独有的课程文化框架。

马克思说："全部社会生活在本质上是实践的。凡是把理论引向神秘主义的神秘东西，都能在人的实践中以及对这种实践的理解中得到合理的解决。"[①]

---

① 马克思恩格斯选集（第1卷）[M].中央编译局，译.北京：人民出版社，1995.

合肥市蜀山区"品质课程"项目探索告诉我们：实践是课程文化价值实现的根本途径，是推进学校课程文化变革的关键力量。学校课程文化变革必须为行动提供充分的理据，从而使得行动趋于合理化，增强学校文化变革的认同感和一致性。在某种意义上，这也是一种文化自觉。

杨四耕

2021年2月5日于上海市教育科学研究院

目录

赛事学习，让儿童遵循一定的规则，在智力、体能、技术、技能、心理等方面进行单项或综合的较量。我们以体育竞赛、劳动技能比拼、学科知识竞赛等课程为载体，组织实施赛事学习，让儿童学会锻炼，学习技能，学会合作，为其学习注入动力。

行走学习，让儿童走出学校空间和环境的局限，将自然资源、社会资源和文化资源与教学有机融合。借助"小天鹅红色之旅""田野农耕课堂""相约博物馆""小天鹅徽文化之旅"四大主题课程，让儿童用眼睛去观察，用耳朵去聆听，用双手去尝试，用脚步去丈量，以促进儿童创新精神和实践能力的培养和自主发展。

第三章　　实践学习：让体验浸润生命　　　　　　—— **63**

实践学习，为儿童提供参与实践活动的机会，使他们在深度参与、互动交流过程中，汲取知识，丰富情感，陶冶情操。劳动实践、艺术创作、传统文化浸润是学生实践学习的主要载体。实践学习紧扣兴趣性、生活性、操作性和综合性，提高儿童创新意识，形成终身发展的个性化素质，让体验浸润儿童生命成长。

第四章　　仪式学习：对成长充满期待　　　　　　—— **91**

仪式学习，让儿童在各项仪式活动中获得尊重、快乐、光荣和满足，获得积极向上的情感体验。我们以入学礼、入队礼、成长礼、毕业礼等作为仪式学习的主要脉络和骨骼，贯穿孩子的整个小学阶段，让每一个孩子都能在仪式活动中找到自己的位置，对自己的成长过程充满期待。

第五章　节庆学习：赋活动多元色彩 ── 119

　　校园节庆，是学校文化特色活动的载体，将学校的育人理念、文化内涵，借助举办特色节庆活动予以体现和传承。每年一届的"DIY 淘宝节""课本剧嘉年华""智趣科技节""率性涂鸦节""科学影像节"……贯穿了儿童生活主线的学期节点，让孩子们自发主动地参与、组织、设计、评价，从而将学科知识活动化、整合化，形成特有的节庆生活。

第六章　项目学习：挑战真实的问题 ── 157

　　项目学习突出问题导向，儿童在最终解决问题的同时，创造出某件学习作品，完成重要知识的学习。多年来，孩子们在学校组织的多种项目学习中锻炼了自身挑战问题的勇气，如科技实践活动、设计未来城市、创客微剧场、科技动手做等。在学习中，孩子们解决复杂问题的能力、创造能力以及合作与沟通等社会性技能也得到了大幅提升。

第七章　　服务学习：拉近社会与自我　　—— 193

服务学习是一种体验式学习。在校园里，我们设立小动物值日岗、班干部竞选等；走出校园，我们走进社区、社会福利院，走进大自然、博物馆、工业园等地。孩子们在服务他人、保护大自然的学习中，充分感受人类通过劳动创造的美好生活，感受自然的神奇、人类文明发展的伟大与自豪感，拉近了社会与儿童的距离。

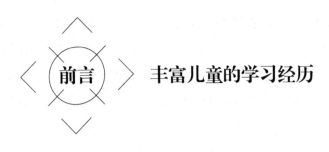

前言　丰富儿童的学习经历

乌申斯基曾这样说："教育的主要目的在于使学生获得幸福。"学校课程建设，就是要给孩子成长提供合适的土壤、阳光、养料的环境，让孩子自然地、不断地生长，让其绽放独特的美。每一所学校，都应有自己独特的课程模式，有什么样的课程就有什么样的学校生活。合肥市西园新村小学创建于1987年，是安徽省合肥市蜀山区一所公办小学。2018年6月成立合肥市西园新村小学北校教育集团。合肥市西园新村小学一直行走在课程建设之路上，努力探索课程的丰富与完善。课程的价值追求就是我们生命的成长，课程的实施过程就是我们以本真状态投入生命成长的过程。

一、儿童立场：学校课程的原点

合肥市西园新村小学的校训是"至真、至纯、至善、至美"。天鹅，是真纯善美的象征。小天鹅，是每一个西小人的文化图腾。教育就是一种唤醒，唤醒学生至真至善至纯至美的心灵。让每一个学生都能找到自己的优点和特长，都能正视自己的不足，在人生的道路上实现自己的人生价值，体验生活的乐趣，这就是我们的办学理念：让每一个学生都成为飞翔的小天鹅。学校以"小天鹅从这里起飞"为课程理念，构建符合教育规律、富有活力的"小天鹅课程"。学校课程设计坚持以学生为中心，知学生心中所想，做学生心中所求。

二、学校视角：学校课程的基点

2018年6月，合肥市西园新村小学北校教育集团成立。面对新的校区、新的环境、新的师资、新的生源，学校努力探索课程深化改革的路径。学校继续沿承"小天鹅"教育哲学，调整课程结构和内容设置。

为使学生能享受丰富多彩的课程，学校以"国家课程的高质量校本化实施"为基础，以"精品特色校本课程的开发"为补充，构建充满生机活力、多层次、有特色的课程结构体系，让学生拓展知识视野，培养和发展特长，促进各种综合能力的发展。同时也通过实施多元评价，让学生以多种灵活的方式展示特定的学习内容。在获取知识的同时，获得方法和能力的发展，让评价与学习同时发生，促使教师和学生成为共同的学习者。

目前，合肥市西园新村小学北校教育集团（以下简称"西园新村小学北校"）的"小天鹅"课程内容架构与学生内在发展需求相一致，有利于夯实学科基础、促进专业发展、提高综合素养、形成自主能力，更加关注学生的学习维度和生命成长，让每一只"小天鹅"都能在多彩的学科学习中绽放生命的真纯善美。

三、聚焦学习：学校课程的存在

富有统整感的课程是多维连结与互动的。无论是学科课程的特色化拓展，还是主题课程的多学科聚焦，都提倡回到完整的童年生活图景上来。有了有逻辑的学校课程规划，最重要的就是课程的有效实施。西园新村小学北校的小天鹅课程，关注学生"真纯善美"四个发展维度，倡导在多维学习中绽放生命的真纯善美。在课程实施的过程中，我们更关注学习方式的变革。

当前，课程的价值取向已由以知识为中心转移到了学生的全面发展上，学生的学习方式也更加多维，由过去的被动接受逐渐转变为自主探索、主动探究。在课程实施的过程中，我们尝试让教师和学生动起来，让所有的渠道畅通起来，比如赛事学习、行走学习、实践学习、仪式学习、节庆学习、项目学习、服务学习等，学校呈现出活跃的课程变革图景。

项目探索促求真。真，仿佛是天鹅之眼，它能帮助儿童成为一个会思考的人。求真需要扎实的知识学习、切实的能力提高，更需要充实的情感体验、丰实的碰撞生成。求真，需要探索；探索，需要真实项目、真实场景。项目学习和场馆学习是促进学生探索求真的主要途径。孩子们在具体的项目活动中获得经验的增长和知识的自我建构；逐渐在经验累积的基础上建构起知识框架，获得适合自己的学习方式，并不断提升自我学习能力。

体验感悟促守纯。纯，如同天鹅之脑。儿童本纯，儿童本真、儿童本净，童年阶段，就像第一粒纽扣，从一开始就要扣好，这关乎孩子的价值观塑造。守纯，是坚守内心的纯真、纯正和纯净。守纯不是靠说教，守纯，需要感悟；感悟，需要体验。让孩子去体验、去感悟世界的本真。体验学习和行走学习是促进学生感悟守纯的主要途径。情景模拟、参观调查、角色扮演、观赏体验、阅读感悟、参观体验等，都是帮助儿童体验的有效途径。

仪式感召促向善。善，好比天鹅之心。善良是孩子健全人格的一部分。最好的教育是帮助孩子成为最好的自己。我们应该努力培植孩子内心善的土壤，保持向善的思维、激发向善的力量，使孩子看到最美的世界最美的自己。向善，需要倾听感召，需要铭刻记忆。仪式学习、榜样学习是促进学生向善的主要途径。人生的一个又一个重要节点，总是需要一些仪式的。这些仪式，会让我们真切地感受到满足、幸福、热情和责任！在学校教育中，仪式作为一种文化象征，有着特别重要的作用。仪式学习帮助孩子们将校园生活中有意义的时刻以各种方式记录下来，成为成长之路中深刻的记忆。

赛事缤纷促绽美。美，如同天鹅之翼。校园里的美，无处不在。孩子们绽放美的感受、美的情操、美的心灵，绽放生命的精彩。绽美，需要平台。赛事学习、整合学习是主要的学习方式。校园里赛事缤纷、同台竞技，形成一股促进学习的强大力量。

杨四耕教授在《课程改变，学校改变》一文中说过："实践、沉浸、对话、互动、参与、体验是课程最活跃、最富灵性的形式，也是课程实施的最重要方法。"实践，是课程最美的语言。西园新村小学北校的"小天鹅"课程，其丰富多样而灵活有趣的课程实施方式，已成为学习方式深度变革的有力证据。

"小天鹅"课程，为每个个体积蓄成长的力量，为孩子们未来幸福的生活奠基！

季媛媛

2021 年 5 月

第一章

赛事学习，让儿童遵循一定的规则，在智力、体能、技术、技能、心理等方面进行单项或综合的较量。我们以体育竞赛、劳动技能比拼、学科知识竞赛等课程为载体，组织实施赛事学习，让儿童学会锻炼，学习技能，学会合作，为其学习注入动力。

赛事学习：为学习注入动力

赛事也是一种学习，在学习过程中，展现的不仅仅是知识、才华，比知识、才华更难得的是体现学习能力和意志品质。

体育竞赛、劳动技能比拼、学科知识竞赛等是具有明显竞技性和规则性的赛事学习方式。西园新村小学北校持续开展并逐渐成为特色的赛事课程主要有："小天鹅大闯关"课程、"小天鹅运动会"课程、"小天鹅劳动大比拼"课程、"小天鹅'绳'彩飞扬"课程等。每一门课程的开设都源于对相关教育政策的解读和对学校历史文化的传承，有独特的课程背景和相应的课程目标、课程内容、课程实施和课程评价。

"小天鹅大闯关"课程，是专门针对一、二年级孩子的年龄特点开设的期末学业评价课程。以闯关游戏的形式，对学科知识、体育技能、艺术特长、道德法治与安全自护等方面做全面检验。"小天鹅'绳'彩飞扬"课程，是根据学生年龄特点分年级设置的跳绳比赛项目，让学生亲身体会运动的艰辛和快乐，体会付出与收获的幸福。"小天鹅劳动大比拼"课程，是针对不同年龄段孩子的生活必备技能设置的不同层级的劳动竞赛项目，以此来促进学生学习劳动技能。

赛事学习也是一场和自己的竞赛，与自身懒惰的竞赛，与自身消极思想的竞赛，与自己各方面短板的竞赛。我们要求所有的比赛务必全员参与，我们会给参与的孩子颁发鼓励奖，给有进步的孩子颁发"进取小天鹅""劳动小天鹅""运动小天鹅"奖，给优秀的孩子颁发"智慧小天鹅""勤劳小天鹅""健将小天鹅"奖，让每个孩子在比赛中更好地认识自己、发展自己、展现自己。

赛事学习课程是我们专门为学生打造的一场沉浸式的学习之旅。学生在学习中学会锻炼，学习技能，学会合作，为其学习注入动力。

（撰稿者：王大圣）

第一节

小天鹅大闯关

2018年9月10日，习近平总书记在全国教育大会上发表重要讲话指出："要深化教育体制改革，健全立德树人落实机制，扭转不科学的教育评价导向，坚决克服唯分数、唯升学、唯文凭、唯论文、唯帽子的顽瘴痼疾。"2019年《中共中央国务院关于深化教育教学改革全面提高义务教育质量的意见》指出：要"融合运用传统与现代技术手段，重视情境教学；探索基于学科的课程综合化教学，开展研究型、项目化、合作式学习。精准分析学情，重视差异化教学和个别化指导"。2020年《安徽省深化基础教育改革全面提高育人质量行动计划》也提出要深化课堂教学改革，"坚持教学相长，注重启发式、互动式、探究式教学"，并要求"从严控制考试次数，优化考试内容"。

小学低年级课程设置，重在以本学科知识为载体，通过对学习过程的体验，培养儿童的学习兴趣和良好的学习习惯，学会科学的学习方法和思维方式。因此，与之匹配的评价应该更加符合儿童的实际和课程设置的目标。为了改变"过早聚焦分数、过度依赖纸笔测验"的评价思维，充分考虑低年级儿童的年龄特点和心理需求，将原来的课程学习效果评测由结果鉴定变成过程导向，通过改革赛事学习的方式，将课程评测变成一场沉浸式的学习之旅。

一、课程价值

"小天鹅"这一名称，源于学校的培养目标，希望将儿童培养成"求真、守纯、向善、绽美"的天鹅少年。"大闯关"是将各门课程评测变成一系列贴近儿童实际、有严密逻辑关系、各有侧重又目标统一的赛事学习形式。"小天鹅大闯关"既是针对一、二年级专门设置的一种赛事学习形式，又是专门为做好低年级儿童学业评价而开设的课程。"小天鹅大闯关"通过将各门学科评测进行整合，形成一门内容丰富、充满乐趣的评测课程。"小天鹅大闯关"既能达到对儿童课程学习结果的评测，又能很好地实现赛事学习目标，让儿童在其中既保持了学习的乐趣，又能发现不足，自我反思，自我激励。其课程价值主要有三。

一是以赛代考，增强儿童体验感和收获感。通过整体设计，将静态的考场变成动态的测评过程，将各学科考核重点融入形式多样、充满乐趣的赛事活动中。降低儿童多学业测评的恐惧感和紧张度，更利于儿童发挥出真实水平，从而得到更全面的评测结果。可以更好地帮助儿童正确认识自身学习情况，增强竞争意识和自信心。

二是以赛激趣，培养儿童求知欲和探索欲。将课程只对结果的关注转变为重视过程的体验，让测评的本身也成为学习的一部分，测评过程和结果对儿童的正面激励大于负面影响。让儿童接触到大量的新知识和新情境，将课堂学习和生活应用融会贯通，激发儿童的求知欲和探索欲。

三是以赛促学，培养儿童自我反思和自我激励。儿童通过过程体验和测评结果，可以发现自己各学科知识点掌握的不足和各学科学习的总体情况。儿童在赛事学习中通过实践所学到的知识和技能，学会与自己对话，分析差距，查找原因，进行反思和自我激励。

二、课程目标

"小天鹅大闯关"课程以综合评价低学段儿童核心素养为总目标，聚焦以下三个方面的评价和培养。

1. 评价本学期所学内容掌握情况，夯实文化基础。通过评价，让儿童加强对所学内容的了解和掌握。要求语文能够掌握本学期所学汉字并能在生活和语境中熟练使用；数学能够掌握计算方法，并进行熟练和准确计算；英语掌握所学单词读写并能熟练将单词和事物一一对应；能展现一定的个人才艺，具有较好的身体协调能力和协作意识，掌握应知应会常识。

2. 通过赛事经历，启发自主发展意识。让儿童具有丰富多彩的赛事学习经历，增强见识，降低对评价的焦虑感和紧张感，改变参与评价的被动心理，体会在生活中和游戏中进行学习的快乐，培养和保持儿童的好奇心，激发学习兴趣，引导对学习的探索，增强学习的自信心和成就感，学会进行自我反思，自我激励。

3. 提升学习的统整感，增强社会参与能力。让儿童对智力、才艺、体能和常识四个方面的学习有一个整体认识，了解学习的系统性和各环节的相互关系，形成提升整体素质意识。让儿童在情境中体会赛事的紧张感，提升相应的现场发挥、临场应变能力要求，学会遵守规则，提高参与意识，培养将所学知识用于解决日常问题的实践创新意识，并学会正确看待比赛结果和正确面对自己的不足，树立积极向上的价值观。

三、课程内容

"小天鹅大闯关"课程集基础性、全面性和科学性于一体，让儿童在各种各样的情境中运用知识、解决问题，在轻松愉快的氛围中展现自己的学习成果。儿童在知识、体能、技能等方面进行单项和综合的较量，不仅展示了知识和才华，学习能力也得到了锻炼，更重要的是在赛事中发现自己的不足。本课程共设四个模块。

模块一：智力闯关

以开设的语文、数学和英语三门课程的培养目标为测评重点，设置相应环节和情境，考核儿童对知识点的掌握情况。语文环节重点放在汉字书写和课文朗读。数学环节重点放在计算能力和在现实问题中的应用。英语环节重点在单词的识别和发音。

1. 语文环节

一年级：在语境中写字、归类识字、看图写字、选字填空、字音连线等。如儿童从卡片中任选一张，准确读出卡片后面的词语，并用词语说一句完整通顺的话。

二年级：选择5个词语，分拆成10张字卡，儿童任意选择两张字卡，组成一个词语，并用词语说一句完整的话；儿童转动转盘，转到哪首古诗名，就背诵相应的古诗；将图片反放在桌子上，儿童任意抽取一幅，观察图片，并根据例句仿说一句话。

2. 数学环节

一年级：儿童口述10以内的分与合；100以内的加减法；认识图形。

二年级：认识万以内的数、认识方向；能根据乘法口诀进行表内乘除法口算；儿童从桌面上随机选取一张图片，图片反面有三道口算题；儿童从桌面上随机选取一张卡片，卡片上有三道单位换算题；准备10份答题卡，每张答题卡上都有一道需解决的实际问题，让儿童随机抽取一张列出算式即可。

3. 英语环节

一、二年级形式相同，闯关内容不同，均为准备10张图片，让儿童随机抽取5张图片，然后看图说单词。

模块二：才艺闯关

不分年级，儿童根据自己特长进行1—2分钟展示，评委老师根据儿童才艺和心理素质进行以表扬和鼓励为主的评价。

模块三：体能闯关

一年级：完成稍息、立正、齐步走、原地踏步、报数、向左转、向右转、向后转、散开、集中等10个指令动作。

二年级：5—10人一组同时考核，要求儿童30秒原地拍球。

模块四：常识闯关

一年级：出示国旗、团旗、队旗，让儿童辨认；抽选回答一个安全知识问题，主要内容为防溺水、防震、消防、防空、避雷、应对暴雨天气等。

二年级：了解少先队章程、做到队章知识"六知会"。

四、课程实施

本课程适用对象为一、二年级儿童。在每学期期末最后一个月进行，实施前的宣传、管理工作、课程的具体实施和评价各需要4个课时，共计16课时。

1. 加强领导和工作协调。成立以校长为组长的工作领导小组。指定教务处和相关教师，根据各学科课程标准与儿童学业发展的需求设置闯关内容，并制订星级评定标准。准备海报和采购各种考核用品，做好场地的布置和时间安排。

2. 做好家校沟通。给一、二年级的家长发《告家长书》，增强家长对此次学业评价活动的认识，宣传"小天鹅大闯关"赛事内容，练习相关基础技能和才艺技能，并邀请家长参与闯关工作。

3. 做好闯关现场管理。实施条件需要根据赛事环节布置相应的场馆或情境，根据儿童人数，每个环节安排若干教师和儿童家长共同作为评委，准备好相关用具，做好现场管理，安排儿童依次闯关，完成课程。

4. 做好结果的统计。制作闯关卡片，通过加盖印章的方式进行闯关成绩认定。闯关结束后汇总卡片上的印章数，统计闯关成绩。

"小天鹅大闯关"综合评测，既能成为夯实儿童基础知识、基本技能的重要抓手，又是帮助儿童增进学习兴趣和体验成功的重要手段。闯关成绩可以作为教师、家长和儿童共同发现问题、探讨改进措施的重要参考。

五、课程评价

课程评价以新课程标准为基本依据，学科素养考查与综合实践活动相结合，班级文化建设与文明礼仪养成相结合，少先队素养与安全技能相结合，实行多学科整合评价，在赛事学习中关注儿童核心素养的形成。

根据各学科、各技能等闯关项目的要求，可以按表格进行课程评价。评价标准坚持定性和正向鼓励为主，并结合儿童现场表现、日常表现、校外表现进行综合评价。同时启发儿童进行自评，培养儿童正确地进行自我评价、自我改进。

1. 智力闯关模块：评价要点是儿童参与态度和积极性、知识点掌握情况、表达情况、创新性想法等方面。

2. 才艺闯关模块：评价要点是儿童在展示过程的心理状况、展示的完整性、展示效果、参与的积极性等方面。

3. 体能闯关模块：评价要点是儿童运动协调性、运动技巧和反应能力、与他人的协作意识。

4. 常识闯关模块：评价要点是儿童对日常行为规范的了解和遵守情况、国情和思想品德状况、知识丰富程度和广度、探索未知事物的兴趣。

本课程评价从儿童参与情况和课程本身两个角度进行测评，分别为"小天鹅大闯关"课程过程评价表和"小天鹅大闯关"课程质量评价表。

1."小天鹅大闯关"课程过程评价表。课程过程性评价主要从儿童一学期的闯关现场表现、平时校内情况、平时校外和在家情况，以及儿童自我评价情况等四个方面来进行。评价结果采用等级制，不排名也不进行公布。

其中"现场评价"是针对儿童在闯关现场表现进行的评价，以计算闯关卡上的小印章作为主要评价依据。各学科三个印章为优秀，两个印章为良好，一个印章为待合格。儿童得到的印章总数期末作为总结式评价，根据等级颁发"智慧小天鹅"和"进取小天鹅"奖章。

"班主任评价"是班主任在日常观察中对儿童涉及闯关内容的表现进行的评价，是对现场评价的补充，两者共同构成儿童在校学业情况评价。

"家长评价"是家长针对儿童在校外活动中涉及闯关内容的表现进行的评价，是校内学业评价的进一步延伸。"儿童自评"是儿童对闯关结果的自我反思，用于查找差距、自我激励和自我改进。（见表1-1）

表1-1 "小天鹅大闯关"课程过程评价表

项目	评 价 要 点	现场评价	班主任评价	家长评价	儿童自评
学习态度	能积极主动地参加各项闯关 安静有序地进行				
应变能力	遇到挫折积极解决 敢于发表自己的看法，表达清楚 思维活跃，能用不同的方法解决问题				
智力闯关	参与态度和积极性 知识点掌握情况 表达情况 创新性想法				
才艺闯关	展示过程的心理状况 展示的完整性 展示效果 参与的积极性				
体能闯关	运动协调性 运动技巧和反应能力 与他人的协作意识				
常识闯关	对日常行为规范的了解和遵守情况、国情和思想品德状况、知识丰富程度和广度、探索未知事物的兴趣				

2.“小天鹅大闯关”课程质量评价表

课程质量评价表围绕本课程的方案、内容、实施过程和评价形式进行测评，测评者为参与课程的教师。（见表1-2）

表1-2 “小天鹅大闯关”课程质量评价表

评价项目	评 价 要 求	分值	评分	备注
课程方案制定	课程与国家课程紧密联系，是对其的补充，又彰显了学校特色。	30		
课程内容	1.内容框架完整、清晰。 2.内容科学、启发性强，突出实践能力的培养。	25		
课程实施过程	1.能激发儿童的学习兴趣。 2.能及时收集、整理儿童学习的过程性资料。	25		
课程评价形式	1.能较全面地对各项目进行评价。 2.评价形式积极有效。	20		

（撰稿者：刘佳 王大圣 杨雪 季媛媛）

小天鹅运动会

义务教育体育与健康课程遵照"健康第一"的指导思想，强调实践性特征，突出学生的学习主体地位，努力构建较为完整的课程目标体系和发展性的评价方式，重视教学内容的基础性、选择性及教学方法的有效性和多样性，注重激发学生的运动兴趣，引导学生掌握体育与健康基础知识、基本技能和方法，增强学生的体能，培养学生坚强的意志品质、合作精神和交往能力等，为学生终身参加体育锻炼奠定基础，促进学生健康、全面发展。[1]

小学生正处于培养体育学习兴趣、养成良好体育运动习惯的重要阶段，构建与其身心发展规律、特点相匹配的评价体系至关重要。然而，以往小学体育教学中，过度重视学生技能测评成绩和达标测试成绩，以结果鉴定为主的教学评价思维，由于忽略了学生的体育学习过程，仅仅以结果定乾坤，很难真正起到帮助学生认识自我、建立自信的作用，也很难达到促进学生全面发展的要求。因此，为了充分发挥教育评价的功能，改变以往小学体育教学中"以结果定乾坤"的教学评价方式，在深入分析小学生身心发展规律和特点的基础上，将过度关注结果、以结果鉴定为主的体育学习评价方式，转变成关注学生学习过程、以过程为导向的评价方式，借助"赛事"的形式，让学生在沉浸式的学习中发展多方面的潜能，实现身心各方面素质的全面发展。

---

[1] 中华人民共和国教育部.义务教育体育与健康课程标准（2011年版）[M].北京：北京师范大学出版社，2012：1.

一、课程价值

"小天鹅运动会"课程遵循过程导向的理念，在针对学生的体育学习活动进行评价时，不仅仅关注学生的学习结果，还非常重视学生在体育学习过程中的体验和表现。"小天鹅运动会"课程中的"小天鹅"源自对学生的期许，期望能够将学生培养成"求真、守纯、向善、绽美"的天鹅少年。"运动会"指的是将小学体育课程中需要评测的内容，转变成为一系列学生感兴趣的、设置科学的体育竞赛项目，并以运动会的形式进行整合。将以往小学体育教学中以技能测评和达标测试为主的体育学习评价，转变为趣味性的、学生感兴趣的体育竞赛，不但能够完成对学生体育学习活动的科学评测，同时也会激发学生学习体育的兴趣，让学生借运动会发现自身的优势与不足，引导学生在正确认识自我的基础上，树立正确的体育学习态度。

"小天鹅运动会"课程是专门针对小学生的体育学习评价设计实施的，其价值主要有三。

一是增强学生的体验感和收获感。将以往小学体育教学中以技能测评和达标测试为主的评价方式，转变为趣味性的体育比赛，大大缓解学生面对学习测评时的恐惧感和焦虑感，不但有助于避免因情绪影响发挥失常的问题，而且能帮助学生顺利发挥出自己的真实水平，得到更客观、更科学的评价结果，同时还可以借助赛事活动让学生更直接地体会学习中的收获感，帮助学生积累良好的学习体验。

二是激发学生的体育学习兴趣。将以结果鉴定为主的体育教学评价方式，转变为过程导向的体育教学评价方式，让评价的过程也成为学生体育学习的一部分，而且是极具趣味性的一部分，非常符合小学生的身心特点，能够极大地提高学生参与的积极性，激发学生的体育学习兴趣。

三是引导学生进行正确的自我认知。通过参与"小天鹅运动会"中设置的各项赛事活动，学生能够直观地认识到自己在体育学习中的优势与不足，而此时教师适时适当地进行引导，学生就会对自身形成一个科学、正确的认识，既避免了学生在体育学习中的盲目性，也能够引导学生在自我认识、自我反思的基础上，形成良好的体育学习态度。

二、课程目标

1. 教师通过运动会了解学生运动技能掌握情况，学生通过小天鹅运动会掌握体育与健康基础知识、基本技能和方法、比赛规则等。

2. 掌握学生的体质发展水平，把握学生体质健康发展中的薄弱点，同时借助小天鹅运动会课程发展学生的速度、力量、耐力、弹跳、协调、灵敏、爆发力等身体素质。

3. 引导学生形成正确的自我认知，树立良好的体育学习态度。在小天鹅运动会中学会合作、学会评价、体验运动的乐趣和成功的愉悦；培养学生吃苦耐劳、顽强拼搏的意志品质和团结协作的集体主义精神；能在运动会中敢于参与竞争、张扬个性、挑战自我、接受挫折，自觉、自律、自信，并不乏个性的张扬；养成积极参与活动的习惯，学会团结，学会竞争，提高学生适应社会的能力。

三、课程内容

本课程分为两个模块，具体如下。

模块一：径赛课程

主要包括60米跑、100米跑、200米跑、400米跑、800米跑、4×100米接力赛等6个项目。其中60米跑、100米跑、200米跑根据报名人数将学生随机分成若干组，同班级学生不在一组，每组8人，进行预赛，预赛结束根据预赛成绩选前8名参加决赛，决赛8人按照预赛成绩分道（预赛第一、二名在四、五道，预赛第三、四名在三、六道，预赛第五、六名在二、七道，预赛第七、八名在一、八道）进行比赛，最后按照决赛比赛成绩排定名次。400米跑根据报名人数将学生随机分成若干组，同班级学生不在一组，每组8人，预决赛一起，根据学生预决赛成绩取前8名。800米跑将学生按照12—16人一组不分道进行比赛，最后按照成绩取前8名。4×100米接力赛每班四人为一队，赛前由班级体育委员抽签决定预赛道次，根据预赛成绩取前8名的班级参加决赛，根据决赛成绩排定名次。根据各个年级学生年龄的不同，将每个年级的项目分配如下：1. 丙组（一、二年级）三项（男女项目相同）：60米跑、200米跑和4×100米接力跑。2. 乙组（三、四年级）五项（男女项目相同）：100

米、200米、400米、800米、4×100米接力。3. 甲组（五、六年级）五项（男女项目相同）：100米、200米、400米、800米、4×100米接力。

模块二：田赛课程

主要包括立定跳远、垒球、跳远、跳高、单手推实心球等五个项目。

垒球、跳远、立定跳远、单手推实心球项目将所有报名学生分成一组，按照秩序册顺序依次进行三次试投或试跳，根据前三次成绩排定前8名，前8名的选手再进行后三次的试投或试跳，最后根据六次成绩决出前8名；跳高项目将所有报名学生分成一组，按照秩序册顺序依次进行每个高度的试跳，女生起跳高度为70厘米，男生起跳高度为80厘米，每5厘米为一个高度，直至决出前8名。根据学生年龄的不同，将每个年级的项目分配如下：1. 丙组（一、二年级）两项（男女项目相同）：立定跳远、垒球。2. 乙组（三、四年级）三项（男女项目相同）：跳高、跳远、垒球。3. 甲组（五、六年级）四项（男女项目相同）：跳高、跳远、单手推实心球、垒球。

四、课程实施

本课程适用于小学一至六年级。课程实施分三个阶段。

（一）准备阶段

1. 制定计划。比赛场地、器材的协调与准备工作，根据学校的体育教学进度和教学计划等实际情况做好项目练习、时间安排和安全防护方案、安全应急方案，提前发放运动会赛程和报名表，按时收回报名表，并进行秩序册的编排。

2. 家校共育。发放"小天鹅运动会"《告家长书》，让家长了解本次体育学习评价活动，支持本次体育学习评价活动，在告知书中告诉家长小天鹅运动会的具体举办时间和地点，以及运动会中其他需要注意的安全事项。

3. 裁判员培训。根据"小天鹅运动会"赛程，将学校非班主任教师组成裁判员队伍，并由学校体育组老师在赛前对所有裁判员进行理论和实践的培训，要求每一位裁判员对自己所执裁的项目规则要清楚，运动项目出现的问题要能及时解决，并且要做到公平公正执裁。

（二）实施阶段

1. 教学准备。在小天鹅运动会课程实施之前，教师利用体育课和学生一同学习，讲解所有项目的动作方法、规则等，让学生对所有项目有一个初步的印象，并积极练习，最后通过实践来巩固学习的知识和技能，为"小天鹅运动会"课程做好充分的准备。

2. 选拔课程。在选拔课程中，首先根据学生自愿参加的形式报名，然后根据报名人数和竞赛规则，通过大课间和体育课邀请班主任和家委会成员担任评委进行选拔。

3. 竞赛课程。组织学生参与"小天鹅运动会"各比赛项目时，教师应注意关注学生在比赛中的过程体验，而非只强调比赛结果。不但如此，在这个过程中教师还要注意引导学生关注自身在参与过程中的体验，让学生借助比赛的契机，分析自身的优势与不足，设定新的、契合自身实际的学习目标，并激励学生为之努力。

（三）总结阶段

通过"小天鹅运动会"的举办，体育教师和班主任老师能清楚认识到学生在比赛过程中出现的错误，如动作技术、心理素质、团队配合等方面的不足，随后形成运动会总结报告，一生一案，教师在后期的教学过程中针对学生在运动会中出现的不足进行着重教学，真正落实因材施教的教育方式。

五、课程评价

本课程采用比赛前的体育课堂学习、比赛中的入场表现、比赛后的成绩三部分内容分别进行评价。

1. 比赛前的体育课堂学习评价是针对学生日常体育学习表现所进行的评价，采用教师评价、学生互评、学生自评三种方式相结合的评价方式开展。（见表1-3）

表1-3 "小天鹅运动会"比赛前的体育课堂学习评价表

评价项目	评 价 内 容	教师评价（50%）	学生互评（20%）	学生自评（30%）	总分
运动知识（15分）	对田径运动会的比赛规则、运动项目等知识的了解				
运动技能（15分）	学会运动锻炼的基本技能与方法				

评价项目	评　价　内　容	教师评价（50%）	学生互评（20%）	学生自评（30%）	总分
运动参与（20分）	积极参与学习，获得成功体验				
身体健康（25分）	发展体能，增进身体健康				
社会适应（25分）	提高抗挫能力，增强自尊自信；建立集体观念，形成团结协作精神和集体主义意识				
总体评价					

说明：总分90—100分为优秀；80—89分为良好；60—79分为合格；60分以下为待合格。

2. 比赛中的入场表现评价根据开幕式各班级入场由评委打分评奖，计入团体总分。一等奖按参赛队伍数量的30%设奖，计7分；二等奖按照参赛队伍数量的30%设奖，计4分；三等奖按照参赛队伍数量的40%设奖，计2分。（见表1-4）

表1-4　小天鹅运动会比赛中的入场表现评价表

班级	评分标准（分值）				总分	名次
	队伍整齐秩序良好（20分）	精神饱满，动作标准、一致（20分）	口号洪亮、整齐，内容积极健康（20分）	团队特色：经过主席台前有创意动作展示（20分）		
一（1）						
一（2）						
……						

3. 比赛后的成绩评价根据比赛分组按照男、女单项均取前8名，按9、7、6、5、4、3、2、1计入团体总分，如报名不足8名者，递减1名录取，名次得分不变。接力赛按单项加倍计分。打破上届运动会赛单项纪录者再加3分。团体总分按男、女个人名次得分总和计算，每个年级取团体前3名，并颁发锦旗，对获得前8名的运动员颁发奖状。对前三名选手颁发"健将小天鹅"奖牌，对第四名到第八名的选手颁发"运动小天鹅"奖牌。（见表1-5）

表1-5 "小天鹅运动会"比赛后的成绩评价表

名次	第一名	第二名	第三名	第四名	第五名	第六名	第七名	第八名	备注
积分	9	7	6	5	4	3	2	1	
小天鹅奖牌	健将小天鹅			运动小天鹅					

　　"小天鹅运动会"课程评价，坚持"全面"和"正向"两个基本原则。其中，"全面"指的是评价要兼顾学生的体能状况、体育与健康知识、体育运动技能、体育学习态度、体育学习中的情意表现情况和合作精神、健康行为等几个方面，同时注意关注学生体育核心素养的形成和发展。"正向"指的是对学生进行评价时，应尽量以正向评价为主，尽可能基于学生表现进行正向的鼓励与督促。但是，以正向评价为主并不是说在评价过程中就不能指出学生存在的问题。而是在指出学生的问题与不足时，应尽量采用积极、正向的语言，并尽可能引导学生以积极、正面的态度看待自身的不足与问题，激励学生积极、主动、能动地去解决自身的问题，改进自身的不足，切忌使用打击、讽刺等消极负面的语言去对学生进行评价。关注到上述两个基本原则之后，对学生进行的评价既能够成为夯实学生体育健康知识和技能的重要抓手，同时也能够成为引导学生不断自我发展完善、激发学生体育学习兴趣的重要手段。

（撰稿者：吴红星　王大圣）

第三节

小天鹅劳动大比拼

劳动教育可以树立高尚的品德，可以开发孩子的智力，可以增强自身体质，还可以培养个人美育，具有综合的育人价值体现。教育理应引导学生崇尚劳动、尊重劳动，懂得劳动最光荣、劳动最崇高、劳动最伟大、劳动最美丽的道理，长大后能够辛勤劳动、诚实劳动、创造性劳动。2020年7月教育部印发《大中小学劳动教育指导纲要（试行）》，明确指出劳动教育也是育人的途径之一。

一、课程价值

"小天鹅劳动大比拼"课程引导儿童以动手实践为主，在劳动实践的过程中，获得更多有意义的劳动体验，长大后能够创造世界，塑造更好的自我，最终实现提高道德修养，增强智力、体力和美育的教育目的。

孩子们在课程学习中动手实践、出力流汗，接受锻炼、锤炼意志，建立正确的劳动观念，培育积极的劳动精神。学生通过"小天鹅劳动大比拼"这项赛事学习，掌握必备的劳动能力，改掉"衣来伸手，饭来张口"的不良习惯，掌握1—2项劳动技能，培养正确劳动价值观和良好劳动品质。

二、课程目标

劳动教育应该要贴近儿童的生活，从儿童的生活经历、兴趣爱好出发，激发孩子们的热爱劳动之情。通过自己的双手去发现新世界，使孩子们具有勇于开创、探索、创新的劳动精神。劳动教育能使儿童的思维、能力进一步提高，通过学校开展的丰富多彩的劳动技能大比拼，让孩子们认识一些在平时生活中常见的劳动材料和劳动工具，学会使用最基本的工具，初步掌握和了解1—2项劳动技能。本课程从品德、知识、能力、情感四个方面，帮助学生树立劳动最光荣、劳动最崇高、劳动最伟大、劳动最美丽的理念。

1. 在劳动技能赛事中培养孩子们自我创新、自我创造的能力，发扬中华民族的传统美德。

2. 初步了解基本的劳动知识和技能，正确使用常见的劳动工具，学会加工、制作、表达等基本技能，增强体力、智力和创造力，重视劳动实践中的规范操作。

3. 通过劳动竞赛，孩子们可以学到简单的劳动技能，具备完成一定劳动任务所需的设计、操作和团队合作能力。

4. 培养儿童正确的劳动价值观和良好的劳动品质，培养他们热爱祖国、孝敬长辈。通过劳动学习，让孩子们能发自内心地去感受劳动带给他们的快乐，在成长的过程中养成诚实守信、吃苦耐劳的优良品质。孩子们通过节假日、寒暑假帮父母做力所能及的家务，在他们的赞扬声中，再次感受劳动美和劳动乐趣。

三、课程内容

本课程主要包括孩子们的日常生活劳动技能、普通生产劳动中的知识和技能。日常生活劳动教育是儿童个人生活事务的处理，结合学校开展劳动技能竞赛活动，让孩子们能够注重个人生活能力，养成良好的卫生习惯，树立正确的劳动价值观。生产劳动教育是让儿童在劳动过程中感受创新、创造的体验与变化，体验从简单劳动、原始劳动向复杂劳动、创造性劳动的发展过程，学会使用基本劳动工具，掌握相关的劳动技能，感受劳动创造价值，增强产品质量意识，体会平凡劳动中的伟大。本课程围绕"练劳动技能"为主题展开，共分为五个模块。

模块一：知道正确的劳动观念

通过收集材料、观看视频、劳动大讲堂等活动，让孩子们了解社会各行各业的劳动者，知道劳动者是国家的主人，一切劳动和劳动者都应该得到鼓励和尊重；倡导"自己动手，丰衣足食"这一美好愿望，反对一切不劳而获、坐享其成、贪图享乐的错误思想。

模块二：掌握基本劳动知识和技能

通过竞赛，让孩子们了解1—2项劳动知识与技能，会正确使用常见劳动工具，锻炼动手动脑能力，通过劳动学会创新，树立积极的生活态度，增强个人生活自理能力，培养勤俭节约意识。

模块三：确定劳动技能目标

根据不同年级段的年龄特点，确定相应的劳动技能目标。注重培养儿童的劳动意识和劳动观念，使孩子们认识到只有劳动才能创造财富，从中激发他们对劳动的兴趣，并能珍惜自己和他人的劳动成果。

模块四：劳动技能竞赛

组建小组，共同学习探索劳动技能的特点，训练学生团结协作意识；在劳动技能大比拼中，孩子们从中学习到基本的劳动技能，感受什么是劳动最光荣；在平时生活中要懂得尊重每一个工作岗位上的劳动者，初步养成孩子们热爱劳动、热爱生活的态度。

模块五：劳动成果展示

孩子们通过绘画、征文、演讲等成果展示来呈现出自己的劳动成果，体验劳动的快乐；通过个人、团队、课程三方面进行归纳总结与综合评价，提高孩子们对劳动教育的认识。

四、课程实施

本课程是为一至六年级学生设计的，计划3周内完成劳动技能竞赛。孩子们在竞赛前，需在课外做好赛前准备工作，比如材料收集、了解劳动的意义、学习劳动技能等。实施过程中以学生活动为主，教师作为引导者、旁观者，对劳动过程做好记录。尽量使用专用固定教室，并将教室桌椅集中在一起，分成几组，这样有利于孩子们团队协作活动空间。

第一阶段：课程启动

宣传启动，各班级组织孩子报名工作和前期准备，在班级开展小组劳动技能PK赛，选出10名劳动技能优异的孩子参加学校小天鹅劳动大比拼技能竞赛。

第二阶段：课程实施（见表1-6）

表1-6 "小天鹅劳动大比拼"课程实施计划表

年　级	课程项目	实　施　要　求
一年级	整理书包	合理利用书包内部空间，分类摆放，整齐有序。
二年级	叠衣服	衣物平整、扣子不错位、衣缝（裤缝）对齐。
三年级	穿衣服	穿戴完整一套校服，佩戴红领巾，并换上鞋子系好鞋带。
四年级	包书皮	书皮尺寸大小合适，棱角要分明；纸张整洁，书面平整；书写清晰。
五年级	钉扣子	依次完成纫针，并在布上钉好3个扣子，扣子要成一条直线，间距要均匀，配色要和谐。
六年级	包粽子	粽子形状要有立体棱角，粽子不漏米，包扎紧实，大小均一。

第三阶段：成果展示（见表1-7）

表1-7 "小天鹅劳动大比拼"课程成果展示表

年　级	展　示　形　式　和　要　求
一、二年级	铅笔、水粉、水彩、油画棒、国画等形式的绘画作品，掌握一些劳动的基本技能，形成良好的劳动习惯。
三、四年级	以征文的形式，通过此次学习劳动技能，树立正确的劳动观念，培育积极的劳动精神，培养必备的劳动能力，养成良好的劳动习惯和品质。
五、六年级	从劳动竞赛中说一说自己的收获与感悟，以及对"劳动最光荣、劳动最崇高、劳动最伟大、劳动最美丽"的劳动观念是如何理解的；通过劳动体验来之不易的美好生活，尊重每一个普通劳动者，培养大家勤俭、奋斗、创新、奉献的劳动精神。

第四阶段：技能评选

整理书包、叠衣服、穿衣服12人一组（每班2人），第一个完成的计15分，其余依次计为：13、12、11、10、9、8、7、6、5、4、3分；再检查劳动技能的质量，达标则每项加2分。

包书皮、钉扣子、包粽子采取分组同时进行。四年级7个班，每组14人。第一个完成的计15分，其余依次计为：13、12、11、10、9、8、7、6、5、4、3、2、1分；再检查劳动技能的质量，达标则每项加2分。

各项目以完成时间＋完成质量综合计分，得分前30%的孩子获"勤劳小天鹅"金奖称号，其余孩子获"劳动小天鹅"银奖称号。每个年级根据选手得分情况评选出两个"劳动能手班级"，并颁发获奖证书，如得分相同则参看

"勤劳小天鹅"人数，多者优先。

第五阶段：成果评选

各项劳动成果，孩子们参评的作品必须是原创的，不能抄袭，内容表达要体现真情实感。绘画作品A3纸大小，作品右下角要用标签纸注明姓名、班级以及作品名称；征文作品统一用作文纸誊抄，用黑色或蓝色水笔，作品右下角要注明姓名、班级，文章结尾要有指导教师评语。对绘画与征文作品进行参评，获奖作品将在校园内进行展示，让全校孩子观摩学习。五、六年级各班推选学生代表参加劳动成果展示之演讲环节，结合演讲内容、语言表达、形象风度、综合印象四个综合表现进行评选。最终每项劳动成果评选出一等奖20%，二等奖30%，三等奖50%，并颁发获奖证书。

五、课程评价

课程评价是对孩子们完成学习任务的一个认可程度，是判定课程目标设置与达成、提高课程教学的重要因素。课程评价既要对小组进行评价，也要对组内的学生进行评价。注重孩子们在劳动过程中的体验、感悟与收获，激发他们感受劳动过程的艰辛和收获成果的喜悦，增强个人成就感、荣誉感。

本课程评价以劳动教育的目标和内容为基础，将过程性评价和结果性评价结合起来，评价方式采用学生个人的平时表现，在课程实施中的自我评价、同学评价、教师评价、家长评价，以及学生问卷调查形式的课程延续性评价反馈等多元素评价方式，全面发挥评价的育人导向和反思改进功能，从而使评价的作用和效益最大化。

（一）平时表现（见表1-8）

表1-8 "小天鹅劳动大比拼"课程评价表

评 价 项 目	评 价 等 级
遵守课堂纪律	☆ ☆ ☆ ☆ ☆
收集相关材料	☆ ☆ ☆ ☆ ☆
了解劳动知识	☆ ☆ ☆ ☆ ☆
学习劳动技能	☆ ☆ ☆ ☆ ☆

（续表）

评 价 项 目	评 价 等 级
善于观察思考	☆ ☆ ☆ ☆ ☆
劳动体验与感悟	☆ ☆ ☆ ☆ ☆
合计	（ ）颗星

（二）课程评价（见表1-9）

表1-9 "小天鹅劳动大比拼"课程评价表

评价项目	评价内容	自评	互评	师评	家长评价
劳动认知	认真参与，遵规守序				
	该劳动技能是否知晓				
	创新创造，磨炼意志				
	理解劳动意义，形成热爱劳动之情				
劳动实践	用多种方法收集了解劳动技能				
	能够运用所学知识，指导实践劳动				
	自主学习，敢于尝试				
	注重生活中的技术学习与实践，学会生活自理				
团队协作	小组成员目标一致，共同努力				
	具有高度的团队认同感，凝聚力、向心力强				
	积极参加劳动技能的学习、实践				
	团队学习有成效，劳动成果不断提高				
劳动成果	通过绘画、征文、演讲等形式展示体验劳动的收获				
	成果作品能提高学生的想象力、创造力				
	充分体现学生的劳动本领，提高审美能力				
总 评					

（三）学生问卷调查（见表1-10）

表1-10 "小天鹅劳动大比拼"学生问卷调查

评 价 项 目	经 常	有 时	很 少
1. 是否一直坚持劳动锻炼?			
2. 是否主动学习新的劳动技能?			
3. 放假期间是否主动帮忙做家务?			
4. 对自己的劳动成果是否主动参与展示?			
5. 是否能体会劳动最光荣,感知劳动乐趣?			
6. 在劳动过程中有无收获?			

（撰稿者：薛禾丽　季媛媛　陈燕萍）

小天鹅"绳"彩飞扬

《中共中央国务院关于深化教育教学改革全面提高义务教育质量的意见》（2019年6月23日）指出：强化体育锻炼，坚持健康第一，实施学校体育固本行动。严格执行学生体质健康合格标准，健全国家监测制度。科学安排体育课运动负荷，开展好学校特色体育项目，大力发展校园足球，让每位学生掌握1至2项运动技能。广泛开展校园普及性体育运动，定期举办学生运动会或体育节。

一、课程价值

西园新村小学北校地处合肥市中心，校园占地面积小，班级多，体育运动场地有限，无法满足大型体育运动课程的实施要求。花样跳绳作为一种喜闻乐见、简便易学的运动，用具易配，易于保管，安全健康，不受场地、空间、时间的限制，在课堂、课后、家中等都可随时练习。本课程不但能有效提高孩子的身体协调能力、耐力、灵敏等身体素质，还能充分提高他们学习的自主性和积极性，培养坚韧、顽强的意志品质，让孩子获得有效的成功体验，增强自信心。学校实施"小天鹅'绳'彩飞扬"课程已有十多年，孩子们人手一绳，在乐于学、乐于跳、乐于合作、乐于尝试的环境下不断地成长，绽放独特的美。

二、课程目标

1. 学习花样跳绳的知识和技能。通过课程学习，学生能够知道花样跳绳的基本知识，掌握花样跳绳的基本技能与方法，并在学习过程中，逐步形成终身坚持体育锻炼的意识和习惯。

2. 发展体能，增进身体健康。通过课程学习，促进学生智力的增长，身高的增高，增强心肺功能、消化系统功能，全面提高自身的耐力、力量、协调、灵敏等身体素质，减压、舒缓情绪，产生快乐体验。

3. 提高心理水平。通过课程学习，学生在和谐、平等、友爱的运动环境中感受到集体的温暖和情感的愉悦；在经历失败和克服困难的过程中，提高抗挫折的能力；在体验成功、比赛获奖的过程中，增强自尊和自信；形成积极向上、乐观开朗的生活态度。

4. 增强社会适应能力。通过课程学习，建立起对自我和集体的认知，培养团结协作精神和集体主义观念。

三、课程内容

跳绳是中华民族传统体育项目之一，历史悠久，源远流长，种类繁多，老少皆宜，是一项简单易行的全身运动。花样跳绳，不仅能增强体质、增进健康，还能充分调动孩子的学习兴趣，培养他们自主学习、主动学习的能力，益身、益心、益智。"'绳'彩飞扬"课程依据课程目标，在遵循儿童身心发展规律的基础上，将课程内容设置为跳绳基础知识与基本技能、花样跳绳项目学习、花样跳绳大比拼三个模块。

模块一：跳绳基础知识

1. 跳绳的起源与发展。跳绳是一种在环摆的绳索中做各种跳跃动作的体育游戏，在中国已有数千年的历史，唐宋明清时期均有记载。唐朝称跳绳为"透索"，宋称"跳索"，明称"白索"，清称"绳飞"，民国以后才称"跳绳"。跳绳原属于庭院游戏类，后发展成民间竞技运动，有单脚跳、单脚交换跳、双脚并跳、双人跳、编花跳、多人跳等多种方法。

2. 跳绳的安全知识：（1）绳子长短适中，避免因动作不协调或绳子过长而被绊倒。（2）初学者通常宜用硬绳，熟练后可改为软绳。（3）跳绳时着宽松有弹性的运动鞋，避免脚踝受伤。（4）场地宜选在软硬适中的泥土地、草地、木制地板上，不宜在水泥地上跳，以免引起头昏或关节损伤。（5）跳绳前须做热身运动。（6）掌握正确的跳绳姿势，腰背挺直，动作有节奏，落地时以前脚掌着地，脚跟、脚尖协调用力，避免扭伤。（7）呼吸与运动协调配合，如呼吸困难或疲惫时，应立即停止。（8）集体练习时应保持安全间距。（9）跳绳后须做放松拉伸。

模块二：练习花样跳绳项目

1. 单人正摇跳短绳。两手握绳的两端，两臂屈肘，小臂抬平。将绳调至合适长度，置于体后，用手腕发力向前摇绳，使两手在体侧做圆周运动，用前脚掌起跳落地，连续跳绳数次。

2. 单人反摇跳短绳。两手握绳的两端，两臂屈肘，小臂抬平。将绳调至合适长度，置于体前，用手腕发力向后摇绳，使两手在体侧做圆周运动，用前脚掌起跳落地，连续跳绳数次。

3. 双人正摇跳短绳。两人外侧手臂各握住绳的两端，内侧手臂交叉紧靠，错肩站立于绳的前方，当其中一人喊"预备——跳"后，两人同时向前摇绳，并脚跳起，使绳从两人脚下穿过，连续跳绳一分钟。

4. 单人向前摇绳编花跳。两手向前摇绳，当跳绳摇至头前上方时，两臂迅速体前交叉，同时两手经下向后快速抖腕，两脚立刻起跳，使绳从脚下穿过，当跳绳再次摇至头前上方时，交叉臂还原，连续跳绳一分钟。

5. 单人向后摇绳编花跳。两手向后摇绳，当跳绳摇至头前上方时，两臂迅速体前交叉，同时两手经下向前快速抖腕，两脚立刻起跳，使绳从脚下穿过，当跳绳再次摇至头前上方时，交叉臂还原，连续跳绳一分钟。

6. 多人"8"字绕跳长绳。每班分成两组，两人摇绳。学生一路纵队，站在其中一摇绳人侧面。两摇绳人向同侧方向正摇绳，当摇转的绳子着地瞬间排头从侧面跑入，跳起一次后从反面跑出，按照"8"字形绕过一侧的摇绳人，站在绳的同侧另一端。全队依次轮流跳完，再从另一端开始。

模块三：小天鹅"绳"彩飞扬比赛

1. 分年级进行花样跳绳大比拼，培养孩子参与竞争的意识与能力，帮助孩子形成团结协作精神和集体主义观念，激发他们主动参与体育活动的兴趣，让他们在轻松愉快的氛围中锻炼身心，增强社会适应力。

2. 课程评价：对团队、学生个人成绩及综合表现进行总结与评价。

四、课程实施

本课程适用于小学一至六年级，实施过程结合日常体育课教学，教师指导学生掌握方法、技巧和规则。按年级将学生分成6个组别，每个组别再以班级为单位进行活动。

（一）第一阶段：课程组织教学阶段

1. 通过体育课堂让学生学会花样跳绳的基本知识和基本技能。

2. 通过花样跳绳社团课让学生深入学习花样跳绳技法、技能，体验合作、探究，创造乐趣。

3. 在班级开展花样跳绳大比拼，督促指导学生自主练习。

4. 通过宣传绽美校园赛事，激发学生参与花样跳绳运动的热情。

（二）第二阶段：课程准备阶段

1. 明确课程目的、时间、地点、对象、分组，设计课程项目及实施要求。

2. 确定奖项设置、赛事组织委员会名单、裁判员名单。

3. 做好比赛宣传，组织报名。

4. 制定比赛秩序册，做好后勤保障安排。

（三）第三阶段：课程实施阶段

各年级课程项目和实施要求如下：

一年级：单人正摇跳短绳，时间1分钟，以脚起跳，身体腾空后，跳绳自双脚下沿身体旋转360度计算为一个，如未完成，则算为一次失败，跳绳过程中可以停顿，不可以跳双飞，以1分钟结束时的总个数记录比赛成绩。

二年级：单人反摇跳短绳，时间1分钟，以脚起跳，身体腾空后，跳绳自双脚下沿身体旋转360度计算为一个，如未完成，则算为一次失败，跳绳过程中可以停顿，以1分钟结束时的总个数记录比赛成绩。

三年级：双人正摇跳短绳，时间1分钟，以脚起跳，两人身体腾空后，跳绳自脚下沿身体旋转360度计算为一个，如未完成，则算为一次失败，跳绳过程中可以停顿，以1分钟结束时的总个数记录比赛成绩。

四年级：单人向前摇绳编花跳，时间1分钟，以脚起跳，身体腾空后，跳绳自双脚下沿身体旋转360度计算为一个，如未完成，则算为一次失败，跳绳过程中可以停顿，以1分钟结束时的总个数记录比赛成绩。

五年级：单人向后摇绳编花跳，时间1分钟，以脚起跳，身体腾空后，跳绳自双脚下沿身体旋转360度计算为一个，如未完成，则算为一次失败，跳绳过程中可以停顿，以1分钟结束时的总个数记录比赛成绩。

六年级：多人"8"字绕跳长绳，时间1分30秒，两组学生依次按"8"字连续跳，绳子停在两脚间为失败，每摇只准进一人，跳一次后跑出，空摇不计数，停绳不计数。

各年级取前三名颁发奖牌；个人达到项目优秀等级颁发"健将小天鹅"奖章，个人达到项目良好等级颁发"运动小天鹅"奖章。

（四）第四阶段：课程总结阶段

1. "绳"彩飞扬绽美校园赛事。通过一年一度的冬季花样跳绳比赛，面向全体学生，进行比赛较量，不仅展示了自身风采，而且能在赛事中发现自身不足，从而加以改进提高。

2. 中小学生体质健康监测。通过一年一度的中小学生体质健康监测，综合评价孩子们的身体素质，并据此分析现状、改进教学，提出应对办法。

3. 花样跳绳主题班会。通过召开花样跳绳主题班会和组织班级花样跳绳大比拼，提高孩子们对花样跳绳的认知，督促指导他们自主练习、合作探究。

4. 体育教研组专项技能和教育教学交流会。通过定期召开体育教研组专项技能和教育教学交流会，让老师们不断学习新理论，接受新事物，掌握新知识，运用新教法；让孩子们学到技能，体验成功，提高能力，充分调动他们学习的自主性与积极性。

五、课程评价

本课程以定性评价与定量评价相结合，强调参与与互动，自我评价与他评相结合，充分发挥评价功能，从而使评价的作用和效益最大化。主要评价方式有积分制评价和奖章评价。

1. 积分制。根据比赛个人成绩累计计算出班级总成绩，再除以班级人数，得出班级平均数。每个年级取前三名，颁发奖牌。

2. 奖章制。在所有参赛学生中，按照"花样跳绳成绩评分表"所示，成绩达到优秀等级的学生获"健将小天鹅"奖章，成绩达到良好等级的学生获"运动小天鹅"奖章。（见表1-11）

表1-11 花样跳绳成绩评分表

项 目 \ 等 级	优 秀	良 好	合 格	待合格
单人正摇跳短绳（1分钟）	140	120	100	100以下
单人反摇跳短绳（1分钟）	120	100	80	80以下
双人正摇跳短绳（1分钟）	110	90	70	70以下
单人向前摇绳编花跳（1分钟）	90	80	70	70以下
单人向后摇绳编花跳（1分钟）	80	70	60	60以下
多人"8"字绕跳长绳（1分30秒）	180	150	120	120以下

3. 综合评价制。根据学生综合表现进行多维度、多主体、多方法的综合评价，将评价结果记入学生成长档案。（见表1-12）

表1-12 学生花样跳绳综合评价表

评价项目	评 价 内 容	自评（30%）	互评（30%）	师评（40%）	总 分
运动知识（25分）	掌握花样跳绳的基本知识				
运动技能（25分）	学会花样跳绳的基本技能与方法				
运动参与（15分）	积极参与学习，获得成功体验				
身体健康（10分）	发展体能，增进身体健康				
心理健康（10分）	提高抗挫能力，增强自尊自信				
社会适应（15分）	建立集体认知，形成团结协作精神和集体主义观念				
总体评价	（注：总分90—100分为优秀；80—89分为良好；60—79分为合格；60分以下为不及格）				
备 注					

　　教育的主要目的在于使孩子获得幸福，给孩子成长提供合适的土壤、阳光、养料，让孩子健康快乐成长，绽放独特的美。简单的一根绳子，跳出跃动的童年！花样跳绳带给孩子的不仅是跳绳的知识，锻炼的技能，更是促进孩子身心健康，不断成长的生命力量。

（撰稿者：高丽　孙学清）

第二章

行走学习：用脚步丈量生活

　　行走学习，让儿童走出学校空间和环境的局限，将自然资源、社会资源和文化资源与教学有机融合。借助"小天鹅红色之旅""田野农耕课堂""相约博物馆""小天鹅徽文化之旅"四大主题课程，让儿童用眼睛去观察，用耳朵去聆听，用双手去尝试，用脚步去丈量，以促进儿童创新精神和实践能力的培养和自主发展。

行走学习，学习环境和学习方式都发生了根本性的改变，教室以外的自然资源、社会资源和文化资源成为学校课程资源的延展。

《中共中央国务院关于深化教育教学改革全面提高义务教育质量的意见》中明确指出："打造中小学生社会实践大课堂，充分发挥爱国主义、优秀传统文化等教育基地和各类公共文化设施与自然资源的重要育人作用。"因此，将生活常识、科技发展、自然文明、历史传承、地域风貌等充实为校本课程实施内容，以"行走学习"这种活动课程的学习方式，可以引发学生对各个学科的学习兴趣，拓宽学习和运用各学科知识的渠道，使学生更好地在大脑中整体建构知识，形成体系。

我校充分研究合肥市及周边地区资源，有针对性地开发了家国情怀类、自然科学类、文化自信类、农耕实践类的行走课程，分年段、分学期实施。为学生提供各种探究、解决问题的机会，帮助、培养其探究意识和问题意识，让学生用脚步去丈量生活。

我们将四门行走学习课程，纳入统一评价系统，集中为每一个孩子准备一本六年研学成长记录袋。每参与一次行走学习，就有相应的行为评价量表和研学成果展示。红色纸张记录"红色之旅"；绿色纸张记录"田野农耕课堂"；黄色纸张记录"相约博物馆"；青色纸张填写"徽文化之旅"。这些丰富而开放的学习环境，活泼而有趣的学习内容，让评价的氛围更轻松，评价的产生更随机，评价的方式更多元，评价的主体更全面。充分利用评价的激励性质，达到课程育人的目的。

儿童更愿意在具体的实践活动中自主探索、主动探究，获得经验的增长，找到适合自己的学习方式，并不断提升自我学习能力。在行走学习中，每一段新的路程，都能丰富学生的体验；每一种新的环境，都能激发学生的探索；每一项新的实践，都能增添学生的乐趣；每一种新的认知，都能累积学生的能力……

（撰稿者：杨雪）

第一节

小天鹅红色之旅

在习近平总书记讲话精神的指引下，作为老师，更要用爱党、爱国的教育理念，伴随学生旅行的脚步，丈量家乡、丈量更广阔的学习领域。

一、课程价值

西园新村小学北校的校训是"至真、至纯、至善、至美"，以"真纯善美"为育人之不懈追求。学校的教育理念认为，只有教育和生活相互渗透，让教育来源于孩子现在的生活又服务于孩子未来的生活，才能发挥教育的价值，体现终身教育的真谛。因此，学校认真领会《关于推进中小学生研学旅行的意见》文件精神，随着学校小天鹅课程的有效实施和不断反思修订，研学旅行课程逐渐成为学生综合实践活动的课外着力点。根据这个广义的课程目标，学校探索了"小天鹅红色之旅"研学旅行课程，将研学旅行作为理想信念教育、爱国主义教育、革命传统教育、国情教育的重要载体。让广大学生在研学旅行中游览祖国大好河山，继承中华传统美德，回顾革命光荣历史，感受改革开放伟大成就，增强对坚定"四个自信"的理解与认同；同时学会动手动脑，学会生存生活，学会做人做事，促进身心健康、体魄强健、意志坚强，促进形成正确的世界观、人生观、价值观，培养他们成为德智体美全面发展的社会主义接班人和建设者。

二、课程目标

研学旅行是实践活动课程，学校将红色研学旅行的课程目标基于"三维目标"进行确立，即情感态度与价值观、过程与方法、知识与能力。

1. 组织学生实地缅怀先烈、回顾历史、触摸革命历程，增强他们对革命历史和革命精神的体验感，让红色的种子在学生的脑海里生根发芽，培养他们从小对党和祖国的热爱之情，珍惜当前来之不易的美好生活，并思考在当下如何不忘历史，如何爱党、爱国，听党话、跟党走，从而树立远大的人生理想。

2. 充分调动学生的参与积极性，通过参观聆听、实践体验、小组探究、调查汇报、感悟反思等方式，完成各项实践学习任务，在研学过程中积极思考，主动在研学活动中与其他同学、老师进行交流。

3. 通过红色研学旅行，将课堂内学习的知识和与实践活动充分结合贯通，使学生在红色研学旅行中能够掌握和运用基本学习和生活技能，实践、印证和感悟课堂所学到的知识。

4. 在红色研学旅行的行前、过程、行后的各项活动中，培养学生的自理、自立、动手动脑的技能，帮助学生提高实践、调查、学习探究方法、反思的能力。

三、课程内容

小学阶段有六年，学生的智力、认知是不断变化的，因此，红色研学旅行课程内容要遵循学生年龄的特点以及身心发展规律，根据不同学段选择研学地点和内容。（见表2-1）

表2-1 "红色之旅"课程内容设置表

年级	课程内容			地点	关联学科
	行 前	过 程	成 果		
一年级	1. 学习制作小白花。 2. 对目的地做简单的了解。 3. 确定研学目的：了解祭奠仪式的过程和要求；准备关于清明的古诗或小故事；重点了解一位革命烈士的光荣事迹。	1. 在蜀山烈士陵园前举行纪念革命烈士的祭奠仪式，献上亲手制作的小白花。 2. 参观安徽革命烈士纪念馆，了解革命烈士的光荣历史。 3. 开展关于清明的古诗或小故事的分享会。 4. 记录一位自己印象最为深刻的革命战士的英勇事迹。	用绘画、讲故事等方式，向周围的人们讲述、展示一位革命英雄的英勇事迹，表达自己的研学感受。	蜀山烈士陵园、安徽革命烈士纪念馆	语文、美术。推荐阅读、背诵关于清明的古诗。

年级	课程内容			地点	关联学科
	行前	过程	成果		
二年级	1. 对目的地做简单的了解。 2. 自己做好行前准备，尤其是出行衣装。 3. 确定研学目的：小组长准备风筝；用自己的方式记录下渡江战役的过程。	1. 参观渡江战役纪念馆，观看纪录片《八百将士忆渡江》，体验最真实的渡江战役的全过程，了解渡江战役的历史意义。 2. 开展拔河等集体趣味体能小竞赛，分组进行放风筝活动，体会革命战士英勇渡江的坚韧精神。	用童谣、绘画等形式，说一说渡江战役的故事，或者战役中给自己留下深刻印象的场景，表达自己的研学感受和收获。	合肥市渡江战役纪念馆	体育体能。建议带足饮用水。
三年级	1. 了解目的地的历史背景。 2. 准备"忆苦思甜"午餐。 3. 明确研学目的：准备一份以粗粮为主的午餐，可以是红薯、玉米、粗粮馒头等，在午餐的时候进行分享；记录战役旧址的建筑模样、旧址中的一段简介等资料。	1. 参观瑶岗渡江战役总前委旧址，实地了解渡江战役的历史过程，选择一处最感动自己的地方，抄录或描绘当时的介绍和建筑模样。 2. 进行"忆苦思甜"午餐交流会，交流品尝自带的午餐，感受革命胜利的艰辛，教育学生不怕吃苦、坚定信仰的革命精神。	以演唱、童谣等形式，辅以自己当时记录的资料，重新创作童谣或编创歌曲，表达自己研学感受和收获。	肥东县瑶岗渡江战役总前委旧址	劳动教育、生活技能。
四年级	1. 了解目的地的历史背景。 2. 自己做好行前准备。 3. 设定一个研学小目的：准备好朗诵词和形式，提前编排好；准备好演唱的歌曲。	1. 参观新四军江北指挥部旧址，记录叶挺将军的英勇战斗事迹。 2. 在合适的地方，为抗日英雄们朗诵一首或演唱一首红色诗歌或歌曲，了解抗日战争的历史真相以及当时的抗日局势，正确看待历史上的战争，教育学生牢记历史，表达对革命英烈的敬意。	以手抄报、年级诗歌朗诵交流会等形式，表达自己的研学感受和收获，以及对革命历史的感悟。	庐江县新四军江北指挥部旧址	音乐、文学、美术。
五年级	1. 了解目的地的历史背景。 2. 自己做好行前准备。 3. 设定研学目的：	1. 参观独山革命旧址群中的经济合作社、列宁小学、苏维埃政府、赤卫军指挥部、革命法庭等文化保护区。 2. 根据所学的爱国主义课	以电子相册、手工制作、绘制红色地图等形式，以及开	六安市裕安区独山镇革命旧址群	语文、音乐、地理、信息。

（续表）

年级	课程内容			地点	关联学科
	行前	过程	成果		
五年级	以小队为单位，选定课本中的爱国主义教育内容，编排一个爱国课本剧。将自己阅读过的一本爱国主义读本介绍给同学们。	文，将编排好的课本剧在目的地进行表演和交流，使学生对历史文化有更深的认识，加强对党的深入了解。 3. 边浏览边进行记录，试着绘制革命小镇的地图。 4. 进行爱国主义图书交流会。	展年级红色课本剧交流活动，表达自己的研学感受和收获，以及对党的文化历史的认识。		
六年级	1. 自己制作小白花。 2. 自己做好行前准备。 3. 设定研学目的：在红军广场上重温入队誓词、唱队歌。以小队的形式，开展一次红色微队课，形式可以是小竞赛、小闯关等，小组长要提前设计好微队课的内容和形式。	1. 参观金寨红军广场，举行缅怀祭奠仪式，重温入队誓词，歌唱队歌。 2. 参观革命博物馆和烈士陵园，了解金寨的革命历史发展，以及59位金寨籍共和国开国将军的赫赫战功。 3. 以小队的形式，开展微队课，内容可以是红歌接龙、开国将军我知道竞答、我的理想等，使学生懂得社会主义现代化建设在不同时期发生的重大事件，教育学生在"将军的摇篮"中，立志成才，报效祖国。	以小视频、主题队会、书信等形式，举行"畅谈我的理想""给将来的我写一封信"等活动，表达自己的研学感悟和收获，以及畅想自己的远大理想。	六安市金寨县红军广场、革命博物馆和烈士陵园	少先队课、语文、信息、音乐及历史的课内外拓展。

四、课程实施

本课程为必修课程。根据学校、学生的实际情况实施红色研学旅行课程，研学旅行的地点主要在合肥市以及合肥市周边地区。在研学地点的选择上，学校主要以学生的年龄和身心发展为依据，在学生的研学需求和各项能力的基础上进行调查和分析，选定不同的研学地点，以适合不同年龄层次的学生。选择的研学地点是否起到教育意义，学生是否能在研学过程中有所收获、有所感悟……这些都是红色研学有效实施的基础。（见图2-1）

红色研学课程的实施重要的一点是，如何让严肃的历史教育变得有意义。这就需要在实施的过程中按照阶段进行规划和安排。以时间为序，是有效实

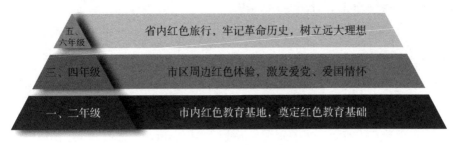

五、六年级　省内红色旅行，牢记革命历史，树立远大理想

三、四年级　市区周边红色体验，激发爱党、爱国情怀

一、二年级　市内红色教育基地，奠定红色教育基础

图2-1　各年级红色之旅主题框架

施红色研学课程的另一个重要方面。红色研学课程按照时间阶段实施，分为行前阶段、实践阶段、反馈阶段。

（一）行前阶段

了解研学主题—目的地的预习—制定研学计划、任务—学习相关安全知识。做好研学前的知识准备，查阅研学目的地的历史背景，确定研学目的，做好实现目的的知识准备、合作准备，以及其他相关准备；老师和家长对学生进行安全教育。比如不随意离队、遵守各项游览要求、听从老师和辅导员的指挥等；准备好自己的小行囊，包括食物、饮用水、垃圾袋等；做好行前的心理准备和健康准备，比如充足的睡眠、健康的身体情况、合适的衣装、个人信息牌等。

（二）实践阶段

分时段进行活动—收集、记录学习内容—学习新的知识—完成研学任务；每个年级的活动地点不同，课程的内容也有所不同，课程实施的方式方法也不一样，比如低段的学生通过祭奠这种仪式教育，体验活动的过程，参加具体活动课程时或听、或看、或记录、或动手制作等，加深体验的印象，加强课程的红色教育意义。

（三）反馈阶段

整理研学中的收获—研学计划的完成—成果的展示，按照每个年级所去的地方不同，研学成果的呈现形式也不同。

五、课程评价

研学旅行课程评价需要全面的、多元化的评价，最终目的是让学生在旅行中有收获，有感悟。学校"小天鹅红色之旅"课程的评价主要围绕"三维目标"，兼顾多种形式对学生进行评价。

知识与能力方面：主要采用完成"研学成长记录袋"红色部分的形式进行综合性的评价。注重课本知识和新知识的融合，并且使自己的各种能力得到相应的提高，这个过程需要有阶段性的评价、展现式的评价，使学生的知识水平和实践经验，呈螺旋式地融合上升。

过程与方法方面：主要采用《学生研学行为量表》进行评价，注重学生在活动中的表现，以及学生在参与过程中的创新方法。采用量化的形式和展现形式进行评价，鼓励学生之间进行互相评价。

情感态度与价值观方面：很多时候，情感态度是学生突然有感而发的情感表现，包括价值观的树立，情感态度和价值观也不是一次两次的活动就能形成的，这就需要老师或其他辅导员给予及时的评价，这种评价是实时的、动态的，所以，在学生的研学过程中，老师可以采取多样性的评价行为。比如，为了检验学生对新知识的了解程度，可以采用相互问答、小测验、小调查的方式，形式上可以是小竞赛、小闯关等。在了解学生的态度方面，可以采用座谈会、小表演、小展示等方法。

红色之旅重在教育意义的连贯、延伸和升华，学生在六年的红色之旅后，有没有达到红色教育目的，可以通过两种评价方式来评价：过程性评价、终结性评价。过程性评价主要是"研学成长记录袋"中的红色记录部分，其中包含针对学生的研学行为进行评价的《学生研学行为量表》，而成果的积累和汇总，则是延续到最后的研学成长记录展示，即对学生六年研学的终结性评价。

（一）研学旅行中学生行为的评价（见表2-2）

表2-2　学生研学行为量表

项目	评　价　标　准	评　价　角　度			总评
		自我评价 （五星级）	教师 （辅导员） 评价 （五星级）	他人评价 （五星级）	
守时遵纪	1. 有时间观念、遵守各项纪律，不迟到。 2. 能听从老师指挥，服从老师的安排，不离队，有安全意识。 3. 遵守研学基地或景区的规定。				

项目	评 价 标 准	评 价 角 度			总评
文明礼仪	1.上车下车不争抢，有序就座，旅途中保持安静，不吃东西，公共场合讲卫生。 2.文明参观，安静聆听，不奔跑打闹、随意插嘴，举止得体。 3.文明就餐，讲究个人卫生和环境卫生。 4.能照顾他人。	自我评价（五星级）	教师（辅导员）评价（五星级）	他人评价（五星级）	
研学过程	1.行前有准备，有一定的理论知识储备和具备相应的基础技能，自己能安排好自己的事务。 2.研学过程中态度积极，能与他人合作分享，用自己的聪明才智为自己的小组献计献策，协作完成相应的任务。 3.对待胜负得失符合小学生的心理特质和表现，有着正确的价值观。 4.研学成果的展示多样化。	自我评价（五星级）	教师（辅导员）评价（五星级）	他人评价（五星级）	

（二）红色研学旅行课程专项评价

红色研学旅行课程的评价，不仅是《学生研学行为量表》的评价，更重要的是红色研学的过程体验和记录，帮助学生梳理研学过程中的学习情况，以及收集红色研学的相关资料，这些记录、资料都可以成为学生在红色研学课程学习中的评价要素。（见表2-3）

一、二年级："我为烈士献朵花"绘画比赛：画一画你心目中革命烈士的光辉形象。

三、四年级："童谣歌颂大英雄"：根据研学感受，将自己心中的英雄以童谣的形式描绘出来。

五、六年级："英雄，我想对你说"征文比赛：根据研学感受向革命英烈写一封信，谈一谈自己的研学感受，分享自己远大的理想。

红色研学课程的终结性评价结果，以学生研学行为评价和红色研学专项评价两项结果的总和来评定。具体计算方法为：《学生研学行为量表》获得的星星数量+课程专项评价获得的星星数量。为总数获得45—50颗星的学生

表2-3 "红色之旅"成果评价表

年 级	内 容 形 式	作 品 要 求	奖 项 设 置
一、二年级	铅笔、水粉、水彩、油画棒、国画等形式的绘画作品。	A4纸大小，作品右下角要用标签纸注明姓名班级、作品名称。	一等奖20%，计五颗星；二等奖30%，计三颗星；三等奖20%，计一颗星；不交作品不得分。
三、四年级	在研学游活动中，了解革命烈士的丰功伟绩，记录印象最深的事件，以此作为童谣创作原型。	不得抄袭，必须原创，方格信纸誊抄，用黑色或蓝色水笔，右下方要写明姓名班级。	
五、六年级	感受革命英烈的艰苦和革命精神，以书信的形式表达自己的感受和自己的理想。	作品必须原创，真情实感，不得抄袭，作品统一用作文纸誊抄，用黑色或蓝色水笔，作品最后要写明姓名班级。	

颁发"毅行小天鹅"奖牌，为总数获得35—44颗星星的学生颁发"致远小天鹅"奖牌。凡因个人原因缺项的，不予评星。

　　红色之旅的研学过程是连贯且延续的，红色爱国主义教育是一条情感的经线，而随着学生年龄的增长，扩大红色研学的范围和提高要求则是另一条纬线，学生的红色教育需要这两条线交织进行，形成教育与实践的有效织体，在这样的立体式的教育过程中，红色爱国主义教育才能发挥应有的育人价值。

（撰稿者：孙冰）

田野农耕课堂

人类的发展与进步离不开劳动，习近平总书记在全国教育大会上专门对劳动教育做出指示，他指出，要在儿童中弘扬劳动精神，教育引导儿童崇尚劳动、尊重劳动，懂得劳动最光荣、劳动最崇高、劳动最伟大、劳动最美丽的道理，长大后能够辛勤劳动、诚实劳动、创造性劳动。

一、课程价值

回顾中华民族的历史画卷，展现在我们面前的是劳动人民日出而作、日落而息的劳作场景，是春种夏耘秋收冬藏的敬畏自然。中华民族是农耕习俗的民族，中国是世界农业的发源地之一，在土地的耕作中蕴含了中华民族优秀的文化内涵，敬畏天地、勤劳奋斗流淌在中华儿女的血液中。随着人民生活水平的提高，越来越多的人离开土地，到钢筋水泥的城市中打拼，不仅城市孩子与传统农耕文化越来越远，大部分停留在书本上，缺乏对自然的体验和对劳动的尊重，很多乡村孩子也逐渐淡化了对土地的亲近。越来越多的人呼吁要让儿童贴近生活，回归自然。

学校孩子多为城市居民，大部分儿童家庭条件良好，缺少家庭劳动以外的经历，对劳动的体验仅仅局限于打扫卫生、值日等，对农耕文化知之甚少，更谈不上进行农耕劳动，因此开展田野农耕文化实践课程，具有十分重要的意义。学校以让每一个学生都成为飞翔的小天鹅为办学理念，开发"小天鹅"课程，致力于培养儿童"求真、守纯、向善、绽美"的美好品质，成为会思考、有理想、有德行、有才华的新一代好少年。为了多途径、多形式地落实劳动教育，学校深挖课程资源，在课堂学习之外，通过学科课程、学科拓展课程等学科知识进行外延，丰富儿童的学习体验，激发儿童的劳动意识，培养儿童的劳动能力。田野农耕课程作为学科拓展课程，将带领儿童走进田野乡间，欣赏自然风光，在劳动实践中感悟中华农耕文化的博大精深，掌握基础的农耕知识和技能，锻炼吃苦耐劳的意志品质。

本课程的理念是：在自然中感悟成长。学校以合肥市马郢研学基地作为田野农耕课程资源地，在基地中研学旅行，进行农耕研学体验、传统戏曲文化体验、陶艺文化体验等，为儿童提供原汁原味的乡村养殖、采摘，体验传统的农家生活。让孩子们在体验乡村生活的过程中学习田野农耕知识，掌握农耕技能，拓展眼界，回归自然。

二、课程目标

1. 通过收集资料、观看视频等，初步了解农业的起源及发展衍变的历史。能够辨认不同种类的基础农具，知道常见农具的作用，学会使用常用的农耕用具。

2. 乐于参加农耕劳动，能够在主动学习、参与活动、合作交流、探索体验等多种学习形式中，获得积极的劳动体验，掌握基本的劳动技能。

3. 在简单的劳动中体会劳动的辛苦，激发儿童对劳动的热爱，领略农耕文化的价值与意义。在劳动中形成吃苦耐劳的劳动意识，知道合作的重要性，能够通过简单的合作完成劳动。

三、课程内容

田野农耕课程依托田野自然资源为课程载体，充分利用研学基地资源，在活动中丰富儿童的课内外体验。田野农耕课程将书本上的劳动知识与农耕实践结合起来，将农作物种植、家禽养殖、农耕文化、创意泥巴、多彩蔬菜等田园课程与儿童日常学习、生活相结合，将儿童的生活世界与书本世界无缝对接，促使儿童主动学习劳动知识、参与农耕劳动，通过合作、交流、探索完成农耕学习，在田野活动中收获知识、体会耕耘的快乐。

模块一：了解农耕历史，感受农耕文化

听父母祖辈讲述农业劳动经历，感受在田野劳作的辛苦；收集有关农业发展的知识，观看田野农耕的相关视频纪录片，了解农业在中华民族的重要作用和地位。

模块二：进行农耕体验，提高劳动技能

根据不同年龄段的儿童特点，进行农耕劳动，获得劳动体验。

1. 一年级"春种秋收"。春种、夏长、秋收、冬藏，四季交替，生生不息。每个季节的田园，都有着不同的打开方式。儿童在生活中留心观察大自然的不同风光，并与书本知识相结合，通过收集描写四季劳动场面的诗歌，聆听农耕小故事等领悟四季之美。通过观看农民耕种、认识常见的农作物、小组合作播种等体验劳动的辛苦。

2. 一年级"树林艺术家"。无论何时，大自然总是充满艺术与生活意趣。走进树林间，寻找大自然花草树木的变化，感受春之温婉、夏之浓烈、秋之绚烂、冬之静谧。儿童走进田野，在草帽上画美景、用镜头记录变化、用泥土作画、用树叶编织等，在这些劳动中锻炼动手能力，提高创新力与创造力，培养审美情趣与生活情趣。

3. 二年级"自然界中二十四节气"。因时制宜，因地制宜，儿童在自然中触摸节气的变化，了解不同节气中大自然的独特现象，并与各科教学结合起来。儿童可以选择和语文学科结合，收集古诗词中对二十四节气的描写，抄写最喜欢的一首；可以和美术学科融合，尽情发挥想象力和创造力，用手中的画笔制作关于节气的手抄报、知识小报等；还可以和数学学科相结合，用表格等形式将二十四节气记录下来；还可以从科学的角度认识节气，从白天和黑夜的长短变化来认识春分、夏至、秋分、冬至这四个节气的由来和特点。

4. 二年级"奇妙的豆子"。活动前查阅豆子的相关知识，听讲解员介绍豆子的种类、生长特点、种植方法、营养价值等，了解豆子在农业生产中的地位。亲身体验磨豆浆的过程，用豆子制作花盘等，感受劳动的快乐。

5. 二年级"我的奇妙朋友"。基地里养殖了鸡、鸭、鹅、牛、羊、鱼等，儿童近距离地观察工作人员是如何照料动物的，知道动物的生活习性，了解动物在农耕社会中的作用。儿童分组体验养鸡养鸭、捡鸡蛋、摸泥鳅、捉小鱼等活动，感受劳动的喜悦。

模块三：汇报学习成果，交流劳动收获

各年级根据学习要求，制作相应的作品，在班级内进行汇报交流。

四、课程实施

本课程面向一至二年级学生，每年春季开展一次。总计15课时，课前准备需要5课时，活动5课时，作品交流5课时。

课程以课前收集农耕知识，集体学习农耕知识和技能，与同伴合作进行劳动作品制作，通过系列的实践活动，最终以劳动作品展和劳动校报的方式呈现，完成本课程的实施。具体实施如下。

第一阶段：准备阶段（5课时）

将每个班级分成若干学习小组，推选出一名组长，负责人数清点、任务分工、组织活动、安全提醒等。在每次活动前，围绕本年级的农耕活动主题，通过向长辈询问，借助书籍、网络资源等查阅相关资料，初步知晓学习内容。

第二阶段：分年级实施（5课时）

一年级：春种秋收

活动一：我是小农夫

1. 各班级以小组为单位走进田园农耕基地，观看农耕知识视频，知道农业在人类生活生产中的重要作用。学习背诵关于田野农耕的古诗。（推荐篇目：《悯农》《归田园居》《四时田园杂兴》《乡村四月》等）

2. 跟随校外指导员来到田地里，说说春季会有哪些蔬菜和庄稼。听指导员介绍春种的知识。

3. 认识麦子、油菜花、萝卜、莴笋、韭菜等常见的农作物，听指导员介绍播种方法和生长过程，初步了解熟悉栽种和收获农作物的劳作流程。

4. 观看农民在田间铲地、除草、浇水的过程，领取农作物种子、小草帽、手套、铲子、锄头等劳动工具，小组合作进行挖坑、撒种、填土、浇水等播种过程。说说种下的农作物的生长过程。结束后，归还劳动用品，草帽除外。

5. 午休时间，儿童以班级为单位午餐、组织做游戏。注意保持环境卫生。

活动二：树林艺术家

1. 儿童走进小树林，欣赏美丽的鲜花和树木，感受春天的生机勃勃。采摘野花或树叶，准备装饰草帽。

2. 每个小组领取一盒绘画用品，展开想象，在草帽上作画，可以用野花或枝条进行装饰，活动结束后，草帽归学生所有。

二年级：揭秘田野

活动一：感悟二十四节气

1. 儿童走进农家院子，参观二十四节气墙，了解二十四节气的顺序，学唱《节气歌》。

2. 小组交流，说出三个及以上节气的传统活动，听指导员介绍二十四节气作物常识与耕作规律。

3. 体验节气活动：挖荠菜。看图片，听讲解认识荠菜的形状，知道荠菜的做法，用小铲子挖荠菜。

4. 制作五谷画。为儿童提供红豆、绿豆、黄豆、花生、芸豆等常见的豆类，儿童单独或小组在花盘上设计五谷画，并完成作品。

活动二：豆子的前世今生

1. 各小组由老师带队，来到磨坊，观看农民用石磨磨豆浆，听介绍，知道豆子的营养价值，了解古法磨豆浆的流程，说出豆子的其他作用。

2. 学习石磨磨豆浆。小组合作完成添加豆子、加水、推石磨、沉淀豆浆……品尝自己磨出的豆浆，感受劳动的乐趣，也体验劳动的辛苦。和同学分享成功的经验与失败的教训。

3. 了解现代豆浆与古法豆浆的制作方法。通过品尝，能够说出石磨豆浆与平时所喝豆浆的区别。

活动三：动物大观园

1. 小组交流，说说在农业生产中，有哪些常见的家禽和牲畜，知道它们的作用。

2. 来到养殖场，近距离观看饲养员如何照料动物，知道它们的生活习性。

3. 小组活动，到田野中寻找鸡蛋，把找到的鸡蛋交给指导员。

第三阶段：成果制作

整理自己在农耕学习中的收获，根据年级，采用不同的作品进行呈现。一年级"种子的生长历程"绘画比赛，二年级"二十四节气小讲堂"，在班级内开展汇报展示。

五、课程评价

本课程的评价内容一般包括儿童在农耕活动中所获得的体验情况、农耕知识、方法与技能的掌握情况、活动的收获与成果。

农耕课程要重视对儿童学习过程的评价。以形成性评价与终结性评价相结合，定性评价与定量评价相结合，反思性评价与鼓励性评价相结合。尤其注重对学习过程的评价，坚持过程性、多次性、随机性的评价。在评价中，注重多元主体的参与，采取教师评价与儿童的自评、互评相结合，对小组的评价与对组内个人的评价相结合。

知识与能力方面：田野农耕课程重在体验实践，儿童在学习中运用多种学习方式，了解农业知识，提高农业技能，并在生活中养成劳动的好习惯。

过程与方法方面：田野农耕课程属于外出研学活动的一种，主要采用《学生研学行为量表》进行评价，从自评、生评、师评三个角度对儿童在遵时守纪、文明礼仪、研学过程中的行为表现进行评价，注重评价的时效性、全面性，帮助儿童对自己的行为有清楚的认识和正确的评价。

情感态度与价值观方面：田野农耕课程重在激发学生爱劳动、爱传统文化、尊重劳动者的情感。老师或观察者在课程实施中注重对儿童进行积极正面的引导，及时给予肯定和鼓励，形成正确的导向。课程结束后，要在班级内开展对儿童价值观的点评，儿童可以通过自评、互评等形式，交流自己在课程中对劳动的看法。

（一）研学旅行中学生行为的评价（见表2-4）

表2-4　学生研学行为量表

项目	评 价 标 准	评 价 角 度			总评
守时遵纪	1. 有时间观念，遵守各项纪律，不迟到。 2. 能听从老师或者辅导员指挥，服从老师的安排，不离队，有安全意识。 3. 遵守研学基地或景区的规定。	自我评价（五星级）	教师（辅导员）评价（五星级）	他人评价（五星级）	

项目	评 价 标 准	评 价 角 度			总评
文明礼仪	1. 文明乘车，不争抢，安静就座，不大声喧哗，不吃东西，讲卫生。 2. 文明参观，安静聆听，不奔跑打闹、随意插嘴，举止得体。 3. 文明就餐，讲究个人卫生和环境卫生。 4. 能照顾他人。	自我评价 （五星级）	教师 （辅导员） 评价 （五星级）	他人评价 （五星级）	
研学过程	1. 行前有准备，有一定的理论知识储备和具备相应的基础技能，自己能安排好自己的事务。 2. 研学过程中态度积极，能与他人合作分享，用自己的聪明才智为自己的小组献计献策，协作完成相应的任务。 3. 对待胜负得失符合小学生的心理特质和表现，有着正确的价值观。 4. 研学成果的展示多样化。	自我评价 （五星级）	教师 （辅导员） 评价 （五星级）	他人评价 （五星级）	

（二）田野农耕课程专项评价（见表2-5）

表2-5 "田野农耕"课程专项评价表

年级	内容形式	作品要求	奖项设置
一年级	铅笔、水粉、水彩、油画、国画等形式制作"种子的生长历程"连环画，内容为介绍一种农作物的生长过程。	A4纸大小，作品右下角要用标签纸注明姓名班级、作品名称。作品图文并茂，能够借助图片和文字把一种农作物的生长过程说清楚。	一等奖20%，计五颗星；二等奖30%，计三颗星；三等奖20%，计一颗星；不交作品不得分。
二年级	用"二十四节气小讲堂"的形式介绍农业知识，以小组为单位，围绕一个季节中的节气，用表演的形式在全班进行展示，选出最佳解说小组。	要求内容正确、分工明确、解说清楚、形式新颖。可使用彩泥、剪纸等手工制作出二十四节气的代表动植物，用小讲堂的形式向全班汇报节气的文化。	

（三）总评的奖项设置

田野农耕课程的终结性评价，以学生行为评价和专项评价两项结果的总和来评定。每位儿童有一份《研学成长记录袋》，其中绿色部分记录"田野农耕课堂"。儿童从一年级开始，在每一次学习后，将自己的作品和过程性资料收入袋中，记录下成长的收获。作品的呈现在《学生行为评价量表》和《田野农耕课程专项评价表》汇总，具体计算方法为：《学生研学行为量表》获得的星星数量＋课程专项评价获得的星星数量。授予总数获得45—50颗星星的学生"耕种小天鹅"称号，授予总数获得35—44颗星星的学生"农垦小天鹅"称号。凡因个人原因缺项的，不予评星。

（撰稿者：胡文娟）

第三节

相约博物馆

《中小学综合实践活动课程指导纲要》中指出：强化课程育人导向，提出明确的课程目标，要求通过考察探究、社会服务、设计制作、职业体验等活动方式进行学习。为此，找到合适的契机，挖掘充分的平台，给予学生广阔的实践环境，适应能力发展的空间，是学校课程建设中要衡量的要素。

一、课程价值

博物馆被喻为"人类社会的立体教科书"，它蕴含着丰富的教育资源，是提升学生核心素养的有效途径。博物馆是公共文化服务体系建设的重要组成部分，充分发挥博物馆教育职能是博物馆自身发展的客观需要，也是时代对博物馆更好融入社会发展的呼唤。

对于博物馆这本"活的书"，如何让它真正活起来，能与学生产生积极良性的互动，实现"乐趣—灵感—创造力"这一博物馆学习的最高价值成果。借助博物馆资源开发专题课程，目的是让儿童在参观博物馆的体验中开展深度学习，也是对儿童开展民族精神的教育和生命教育。

二、课程目标

"相约博物馆"是实践活动课程，属于"小天鹅课程"中的"行走学习"部分，该课程目标以培养儿童的核心素养为标准，包含文化基础、自主发展、社会参与三个方面，具体设定如下。

1. 激发参观博物馆的兴趣，探索和学习博物馆蕴含的丰富知识，逐步培养创新精神、合作能力和知识的实际运用能力。

2. 拓展自身学习资源和学习经历，感悟博物馆在社会、历史、科学、文化、艺术等方面的价值，收获感悟与实践的过程。

3. 通过拓展学习的时间和空间，充分发挥兴趣和个性，养成定期参馆的习惯。

三、课程内容

小学中年级学生（8—10岁），此阶段孩子的认知能力正在不断提高，是养成学习习惯、培养学习能力、意志能力的最佳时期。此时，孩子已经逐渐从被动学习转向主动学习，有了自己的想法。因此，这一学段有效利用学生的学习兴趣，培养他们多思维能力是重点。对于中段学生，我们主要采用教师引导，学生参与、体验的学习方式，让学生在实践中认识事物，用在博物馆中的亲身经历，认知理解知识内容，为学生掌握在博物馆学习的方法奠定基础。这样的学习方式，凸显了博物馆学习与学校课堂学习的不同，充分利用博物馆的资源，注重博物馆环境给学生带来的启发、思考、感受。

三年级的"探寻古生物，重现'侏罗纪'——走进安徽省地质博物馆"一课，充分利用地质博物馆的序厅、地球厅、生命演化厅、恐龙厅、矿物岩石厅、资源与环境厅六个常设展厅，及中庭休闲区、4D科普影院、多功能学术报告厅、临时展厅及室外景观区，让学生自由选择活动区域。最受小朋友们喜欢的，就是恐龙厅了。恐龙厅纵跨二、三、四层。二层是恐龙基础知识、大型恐龙骨架和生态复原展区，大厅中央展示的有代表性的9具恐龙骨架，首先给学生一个有别于课本知识的直观震撼；三层是恐龙专题知识展区，设置安徽寻龙、恐龙食性、恐龙生殖、恐龙飞向蓝天、恐龙近亲、恐龙灭绝事件等专题；四层是恐龙互动展区，设置恐龙大合影、恐龙复活大猜想、魔幻小屋、与恐龙赛跑、恐龙小乐队、画出我心中的恐龙等13种互动展项。儿童可以走进画面里的恐龙场景，和翼龙、剑龙等直接互动。这种参与体验式的博物馆参观学习法，收获良好的学习效果。（见表2-6）

表2-6 "探寻古生物，重现'侏罗纪'"活动内容表

相约博物馆——探寻古生物，重现"侏罗纪"
参观时间：每年的3、4、5月
参观地点：安徽省地质博物馆

参观人员：三年级全体学生及相关老师				
活动流程	活动内容	活动目的	活动效果	活动备注
二层恐龙厅	观察大型恐龙骨架，了解生态复原的知识。	了解恐龙的基本知识，生活的年代、生活的环境等，参与体验互动游戏，了解恐龙的种类、形态及生活习性等，探索恐龙消失之谜。	对学生进行关于恐龙的科普知识的教育，提高他们的资源知识、环境知识，进而提高对保护我们共同拥有家园——地球的认识。	
三层恐龙厅	了解安徽寻龙、恐龙食性、恐龙生殖、恐龙飞向蓝天、恐龙近亲、恐龙灭绝事件。			
四层恐龙厅	体验恐龙大合影、恐龙复活大猜想、魔幻小屋、与恐龙赛跑、恐龙小乐队。			
自由参观				

四年级的"徽风皖韵，探访省博——走进安徽博物院"一课，教师首先指导学生通过安徽博物院网站去了解，并为学生提供了五个研究主题和一个自选研究主题（1. 新安画派知多少；2. 徽州古建筑智慧多；3. 安徽的文房四宝著称于世；4. 馆藏文物会说话；5. 我感兴趣的选题_____）。学生们根据不同兴趣爱好自行组建研究小组，在老师的指导下完成"博物馆成长册"。到安徽博物院活动当天，各组负责教师只负责学生的安全管理，而游览线路、现场学习方式、学生学习中遇到的问题，完全由学生自行处理解决。这是对中年级同学的挑战，更是对博物馆学习成果的一次检验。（见表2-7）

表2-7 "徽风皖韵，探访省博"活动内容表

相约博物馆——探访省博				
参观时间：每年的3、4、5月				
参观地点：安徽博物院				
参观人员：四年级全体学生及相关老师				
活动流程	活动内容	活动目的	活动效果	活动备注
安徽文明史陈列	精彩的展览、精美的藏品、各类讲座和文化体验活动，深入浅出、寓教于乐，吸引儿童多渠道深度了解省博。	感受古代能工巧匠心血与才智，了解灿烂的中华文化，体悟艺术之美。	满足学生了解地方历史文化的需求，更深入地亲近家乡文明，走进家乡的文化生活。	
徽州古建筑				
安徽文房四宝				
江淮撷珍				
自由参观				

四、课程实施

本课程面向三、四年级学生，时间定为每年春季一次。课程资源为合肥市内及附近周边的博物馆。采取课内线上参观游览，以更便捷地促使学生探索新知识、了解新事物，课下或假期实地体验相结合的方式，实现深度学习的目标。课程实施中，学生通过自主、合作、探究等学习方式，调动内心体验，增强内心体验，把它作为提升学生核心素养的重要途径。这些素质和能力的建构对小学生一生的平衡发展都将会发挥潜移默化的作用。同时，学校研发新颖的"博物馆课程"，让学生在学习渊博知识的同时，树立国家和民族自豪感。

博物馆课程分为"课前云游、课内先导、探究拓展、展示总结"四个环节。

（一）课前云游（课前）

根据学生线上学习能力的特点，教师把相关博物馆的网站链接介绍给学生，学生可以利用课余时间进行线上云游，初步了解该博物馆的信息，对即将参观的场馆有所了解，也可以自行查阅相关博物馆网站等学习资源，激发观博兴趣点。

（二）课内先导（1—2课时）

根据各博物馆的具体情况，力图使学生在进行课前云游的基础上进一步发展自己观博的兴趣点，多渠道地获取关于课前云游的相关文化、知识和思想，并提出自己在参观过程中所产生的问题。教师依照具体博物馆的具体要求对学生的礼仪、素养、安全等方面进行必要的指导。

1. 对于历史类博物馆，可以通过各博物馆讲解员的直接讲解，或借助于展品的展示标签和二维码，让学生了解博物馆藏品的相关知识内容。

2. 对于地质类博物馆，以科学探究为导向的深度学习，可以通过以"博物馆成长册"为引导进行参观浏览。"博物馆成长册"一般包括游览主题、知识导航、馆中发现、拓展思考、合作实践、观察量表等内容，也可以含有二维码链接的参考文献。"成长册"可由博物馆专业人员和学校教师、学生共同设计，并有知识和能力的梯度，供不同学业基础的学生使用，同时还可避免"观而不学"的现象。通过"博物馆成长册"等学习辅助资料的引入，引导学生更加专注地开展深入系统的学习，比普通参观学习更能形成完整的认知体系。

学生则根据兴趣点和产生的问题来进行分组，并完成"活动任务单"的制定，以及分配任务。"活动任务单"是学生根据对该博物馆相关知识的储备情况，以及自身的学习需要和认知要求，经过讨论而设计出的问题，它是引导参观、激发参观者自主学习的教育资料。它的设计过程需要教师与学生一同在课堂上讨论、研究，教师充当小组的协调人，并持中立原则，使课堂成为学生的论坛，尊重不同观点，允许未达成一致意见的存在，而不是灌输式的讲授。

（三）探究拓展（1—2课时）

学生在参观博物馆的过程中对自己感兴趣的方面提出新的问题，确定探究方向。教师引导学生交流、讨论问题，按研究内容进行分组，并指导学生利用各种科学有效的探究方法完成探究活动，注重培养学生合作探究的能力，探究也可向多学科领域发展，从多方面对博物馆课程进行拓展，如数学、美术、科学、文学，等等。教师要充分利用好儿童的好胜心正向激励他们，使其不断超越自己，重组自己的知识宝库；充分调动学生的好奇心，使学生主动参与，动手实践。同时，通过老师的引导，学生能够多角度探索自己心中所想，从而实现深度学习的目的。学校还鼓励学生利用节假日结伴或在家长陪伴下参观博物馆，设计线上学习单，并将学习体会传输到平台上让师生共享，这也是一种学习的过程。接下来，再反思之前学到的知识，如果发现问题，会迅速补足知识，把先前学习到的碎片化的知识重新整合，并应用于新的生活和学习中。总之，学生通过学习博物馆课程，在博物馆这一"大课堂"里考察、探究，以开阔视野，积累广博的知识。

（四）展示总结（1—2课时）

博物馆课程的整个活动中，学生们可以随时将自己接触到的知识在"博物馆成长册"中写下来或者绘制出来，可以用文字、照片、小报等形式总结，这种总结是实时的、动态的。在最终的展示总结课中，老师可以鼓励学生采取多样性的分享和展示，尽可能让每一位孩子都能够交流观后的体会。为了延伸课程内容，检验学生对参观知识的了解程度，可以采用相互问答、小测验、小调查、小竞赛、小闯关等形式活泼、内容有趣的互动。

五、课程评价

对于博物馆课程成果的评定，教师不应像在学科评定中那样采用目标模式中的方式，而应该对学生的综合素质和能力加以评定，对是否满足其个体可持续发展所需加以评定。评定必须多元化、个性化，包括自评、互评、小组式评定等，根据不同的博物馆的特点而有所不同。最终目的是促进学生的全面发展，学校"相约博物馆"课程的评价主要围绕课程目标，兼顾多种形式对学生进行评价。

主要采用"博物馆成长册"的形式进行综合性的评价。注重课本知识和新知识的融合，并且使自己的各种能力得到相应的提高，这个过程需要有阶段性的评价、展现式的评价，使学生的知识和实践呈螺旋式的融合上升。《学生研学行为量表》的评价，注重学生在活动中的表现，以及学生在参与过程中的创新方法。采用量化的形式和展现形式进行评价，鼓励学生之间进行互相评价。

博物馆课程重在培养学生的核心素养，学生在博物馆之旅后，有没有实现"乐趣—灵感—创造力"这一博物馆学习的最高价值，可以通过过程性评价和成长册终结性评价两种方式相结合进行。比如，每个学生从三年级一开始就准备一个黄色的"博物馆成长册"，里面有研学过程评价的量表和成果的汇总，过程评价量表主要针对学生的研学行为进行评价，而成果的积累和汇总，则延续到最后的黄色"博物馆成长册"的展示，即对学生在两年的博物馆课程的终结性评价。（见表2-8）

表2-8　学生研学行为量表

项目	评 价 标 准	评 价 角 度			总评
守时遵纪	1. 有时间观念、遵守各项纪律，不迟到。 2. 能听从老师或者辅导员指挥，服从老师的安排，不离队，有安全、文明意识。 3. 遵守博物馆的规定。	自我评价（五星级）	教师（辅导员）评价（五星级）	他人评价（五星级）	
文明礼仪	1. 文明乘车，不争抢，安静就座，不大声喧哗，不吃东西，讲卫生。 2. 文明参观，安静聆听，不奔跑打闹、随意插嘴，举止得体。 3. 文明就餐，讲究个人卫生和环境卫生。 4. 能照顾他人。	自我评价（五星级）	教师（辅导员）评价（五星级）	他人评价（五星级）	

项 目	评 价 标 准	评 价 角 度			总评
研学过程	1. 行前有准备，有一定的相关知识储备和具备相应的基本技能，自己能安排好自己的事务。 2. 游学过程中态度积极，能与他人合作分享，用自己的聪明才智为自己的小组献计献策，协作完成相应的任务。 3. 对待胜负得失符合小学生的心理特质和表现，有着正确的价值观。 4. 研学成果的展示多样化。	自我评价（五星级）	教师（辅导员）评价（五星级）	他人评价（五星级）	

我对此次研学旅行的评价和建议（五星级）：

_____

_____

"博物馆成长册"的内容除了《学生研学行为量表》（每次一张），还需要收集整理研学成果。这些成果可以是绘画、书信、征文、照片等，也可以制作电子成果。两年后，每个学生有两张行为量表以及两次研学成果，这些都需要在班级中进行初评，每班评出优秀的成长记录袋进行开放式的展示。

（一）"博物馆成长册"评价要求

按照《学生研学行为量表》中学校制定的成果展示方案，研学成果作品至少完成2次。

（二）"博物馆成长册"评价标准

每次研学后完善《学生研学行为量表》，最高计50颗星。每次的博物馆课程成果汇报最高计50颗星，一年的课程评价最高累计100颗星。第二年的参观评价，依然可以参考此评价形式。

在最后的成长档案展示评价活动中，评价达到200颗星的90%的评为一级，达到70%—89%的评为二级，余下的为三级。一级的博物馆成长册汇报，还将在全校范围进行宣传和报道，吸引全体学生积极参与，并且连续不断地参与到博物馆课程学习中来。

　　我国著名教育学家陶行知先生曾说："活的人才教育不是灌输知识，而是将开发文化宝库的钥匙，尽我们知道的交给学生。"博物馆课程"润物细无声"，有利于拓宽儿童的知识广度，延展他们的视野高度，具有良好的育人功效，是提升学生核心素养、实现立德树人根本任务的重要途径，终将成为提高儿童综合能力的高效课程。

（撰稿者：夏佳佳）

小天鹅徽文化之旅

每个人都离不开本土生活资源的影响，尤其是文化资源，对儿童成长具有潜移默化的深远影响。《关于推进中小学生研学旅行的意见》指出，研学课程的开设是要"帮助中小学生了解国情、热爱祖国、开阔眼界、增长知识，着力提高他们的社会责任感、创新精神和实践能力"，"增强对坚定'四个自信'的理解与认同"，"学校根据学段特点和地域特色，逐步建立小学阶段以乡土乡情为主、初中阶段以县情市情为主、高中阶段以省情国情为主的研学旅行活动课程体系"。与学校内的学科课程相比，研学旅行是一种需要借助丰富社会资源的活动课程，丰富的社会资源是研学旅行课程能够有效开展的重要保障。

一、课程价值

徽派文化历史悠久，文化遗产丰富，在历史发展过程中形成了颇具地方特色的风格。徽州文化与藏文化、敦煌文化并称为中国三大地域文化，在文化发展史上具有举足轻重的地位，它的社会价值和经济价值更是不可估量。徽州文化包罗万象，在建筑、工艺、民俗、人物、戏曲、科技、文学、琴棋书画、农耕餐饮等方面都有着浓郁的地域特色，古朴的徽派建筑青砖黛瓦、雕梁画栋，文房四宝继承传统、精益求精，徽派戏曲唱腔淳朴清新、细腻动人，这些都是学校文化旅行课程挖掘的宝贵资源。

通过开展家乡文化研学之旅课程，有利于促进孩子们形成正确的人生观、价值观、世界观，能够激发儿童对家乡的热爱之情，对家乡文化传承和发扬有着重要意义。开展家乡文化研学之旅课程，对培育中小学生的家国情怀，增强文化自信心和自豪感有着不可替代的作用。本课程的理念是：充分发挥学生的主体作用，从学生生活出发，重视实践，走进家乡，争做徽派文化薪火传人。

二、课程目标

"小天鹅徽文化之旅"课程要充分利用丰富的徽派文化发挥其育人功能，充实德育的内容和形式，教会学生做人做事的基本准则，尤其是要实现家乡文化研学对思想品德教育的实效性。

1. 通过学习，使学生了解具有代表性的徽派文化的特点、历史发展进程、内涵和精髓，知晓徽派文化的历史重要性和珍贵价值，丰富学生对乡土乡情的了解。

2. 学会通过阅读书籍杂志、互联网等手段收集、整理资料，获取有效信息，通过实地参观学习、探究、记录拍摄，积累丰富的文化素材。养成善于思考和勇于探究的习惯，提高学生合作和解决问题的能力。

3. 增强继承和发扬徽州人民优秀传统美德的意识，培养热爱家乡、建设家乡的情感和文化责任感，努力争做徽派文化的薪火传人。

三、课程内容

"小天鹅徽文化之旅"课程针对小学五、六年级学生开设，每年春季研学一次，是必修科目。学习内容主要以徽派文化探索为主，涵盖六大模块：徽州历史名人、徽州戏曲、徽州文书、徽州民俗、徽派美食、徽派建筑。通过对徽派文化板块的历史发展、特点及研学的地点进行调查分析，再结合不同年龄段孩子的心理特点与智力、能力发展水平，经过综合的对比分析，制定出文化板块与各年级相对应的学习内容，以真正实现帮助小学生拓宽视野，感受家乡文化的艺术魅力，达到游有所感、游有所思、游有所得的目的。（见表2-9）

四、课程实施

本课程适用于小学高年级学生，实施共分为五个阶段。

表2-9　各年级文化之旅课程内容一览表

年级	学习板块	内　容	研学地点
五年级	徽派美食	1. 穿越时光隧道，参观生产线，感受食品从原料→生产→包装→大众手中，体会传承千年的美食与现代科学技术的融合。 2. 参观3D打印面馆，了解徽派美食的特点、非遗面塑。 3. 体验活动：捏青团、包包子、搓汤圆等。 4. 参观芽菜生产基地，了解芽菜生长过程，学习食品安全知识，鉴别芽菜是否为"毒豆芽"。 5. 了解特色徽菜名称、材料、做法及相关文化。	青松食品厂
六年级	徽州民俗	1. 参观徽派石雕瑞兽博物馆、徽派石刻人物造像博物馆，了解安徽"三雕"的特点，体会古人的智慧和工匠精神。 2. 参观百匾堂、树德堂陈列馆，了解历史文化、重大事件。 3. 参观异地重建古村落群，了解徽派建筑特色，聆听历史名人的辉煌事迹。 4. 在民俗体验博物馆内，体验民俗；雕版拓片、上绣楼、抛绣球、捏瑞兽、与小伙伴合力打年糕；参观古代能工怎样消防等，体会徽派文化气息。	安徽省源泉民俗博物馆

（一）"徽文化之旅"宣传（1课时）

通过校报、致家长一封信和校园新闻网络，宣传"小天鹅徽文化之旅"课程的教育意义，使家长了解该课程对开阔儿童视野、丰富儿童知识、提高儿童各项能力的推动作用，能够加深孩子与自然和文化的亲近感，增加集体生活方式和社会公共道德体验，让家长理解和支持"徽文化之旅"课程的开展。

（二）"徽文化之旅"了解（2课时）

为了避免"只学不旅"或"只旅不学"的现象发生，在校内开展"徽文化大讲堂"，让孩子们聆听、了解家乡历史文化，激发孩子们探究徽派历史文化的兴趣，不能让他们空着脑袋、没有目的地去旅行。孩子可以通过以下方法了解家乡文化知识：（1）请社会上文化历史传承人进校园为孩子们讲解历史文化的特点、发展史及对当今社会发展的意义和启发；（2）班主任或辅导员带领孩子们学习相关主题的影像资料；（3）孩子们以小组形式通过自主查阅书籍、杂志及互联网收集相关资料，提炼有效信息进行小组交流展示。

（三）"徽文化之旅"准备（1课时）

与旅行社接洽活动事宜，熟知各项活动流程，做好校内人员的工作安排。将徽文化之旅课程的具体安排和即将进行的研学文化特色编写成册，告知家长和学生，对孩子们进行安全教育和文明教育，以及在旅行途中所需做的准备和注意事项，树立安全意识和文明意识，以确保整个活动课程井然有序、快速高效地完成。

（四）寻根求源，实地考察（1课时）

走进徽文化传承地，开启以"徽派文化之旅"为主题的探索体验活动。在研学旅行辅导员的讲解、带领下，大家通过实地参观、体验、探索等活动与家乡历史文化近距离接触，用镜头记录下精彩瞬间，用心去感受徽派文化的魅力。实地参观体验是与徽派文化面对面接触的开始，每一次穿越时空的文化历史接触，都是在孩子们的脑海里播种下文化种子的过程，静等花开，结出灿烂之果。实地考察课程根据学习内容、形式和目的的综合考量，开展的时间为每年春季，由于距离原因，五年级的学习时间是一天半，六年级为期两天。

（五）成果展示（2课时）

徽派文化研学不是简单地走进山水、亲近自然，要有所思、有所得。前期的了解和体验是初步地接触徽派历史文化，后期的思考和总结才是对它的深刻认识和理解，所以研学旅行后的收获、体验和感悟至关重要，必须给孩子们提供多元化的展示机会。为充分尊重每一位学生的个性化差异，学校提供三种研学成果的展示方式供孩子们自由选择：动手制作一件传统手工艺品布置校园、教室；完成本次研学报告；举办一场摄影、征文、手抄报等成果展示。

五、课程评价

安徽省教育厅等部门联合发布的《关于推进中小学生研学旅行的实施意见》指出："要将小学生研学旅行情况记入学期评价和毕业评价，将中学生研学旅行情况，作为学生综合素质评价'社会实践'内容进行记录和评价。"[1]因

---

[1] 安徽省教育厅等部门关于推进中小学生研学旅行的实施意见［EB/OL］. http://jyt.ah.gov.cn/public/7071/39918442.html［2018-04-19］［2021-05-13］

此，学校应充分尊重学生的个体差异，鼓励多元化发展，科学评价学生参与研究型旅行的情况和效果。为响应政策的要求，学校将徽文化研学旅行的情况记录在成长记录袋中。

本课程主要依据从获取知识到学前准备再到实地体验的一系列活动过程中的学生参与度以及最后成果展示，设计出10条评价标准，实现重结果更重过程的综合评价，通过学生自评、互评，家长评价和教师点评相结合的方式实现多元化评价。星级最终转化为小天鹅印章数量，参与学校评比。（见表2-10、表2-11）

表2-10 "学生徽文化之旅"评价表

评价类目	参 照 标 准	评 价 角 度			总评
了解历史文化	1. 徽文化大讲堂上认真听讲、记录，积极回答问题参与互动。 2. 自主收集的资料丰富详实。 3. 将收集的资料内容加入自己的想法，与同学交流。	自评 （五颗星）	互评 （五颗星）	师评 （五颗星）	
准备工作	1. 研学前熟知活动行程、人员安排。 2. 研学过程中需要的物品准备齐全。				
体验文化过程	1. 在研学过程中遵守纪律，讲文明，不掉队，注意安全。 2. 与同伴和谐相处，相互礼让、不争抢，互相鼓励、互相学习。 3. 积极参加各个环节的体验活动，用心感受历史文化。				
成果展示	1. 通过制作工艺品、研学报告、征文、经典作品等形式展示文化之旅活动的收获和意义。 2. 成果作品能突显学生的文化素养，有较强的保护环境意识，能够和家人朋友分享体验和收获。 3. 充分体现学生对文化的渴求和探索精神，有爱家乡、爱祖国的强烈愿景。				

表2-11 "学生徽文化之旅"家长评价表

	孩子的学习准备	孩子学习的态度	孩子学习的成果
星级（五颗星）			
文字或电子存档			
对此次徽派文化之旅您有什么看法和建议?			

"徽文化之旅"课程结束后的评比办法如下：得到星星的数量达到总数的90%及以上的孩子获得"弘扬小天鹅"称号；得到星星的数量在75%—90%的孩子获得"传承小天鹅"称号。

"徽文化之旅"研学成长记录袋设置为青色，其内容除了《"学生徽文化之旅"评价表》（每次一张）以外，还需要收集整理学习成果。这些成果可以是自己动手制作的手工艺品、研学报告、征文、照片、奖状、奖牌等。

（撰稿者：经培培）

第三章

实践学习：让体验浸润生命

实践学习，为儿童提供参与实践活动的机会，使他们在深度参与、互动交流过程中，汲取知识，丰富情感，陶冶情操。劳动实践、艺术创作、传统文化浸润是学生实践学习的主要载体。实践学习紧扣兴趣性、生活性、操作性和综合性，提高儿童创新意识，形成终身发展的个性化素质，让体验浸润儿童生命成长。

中共中央、国务院《关于深化教育教学改革全面提高义务教育质量的意见》（2019年6月23日）中明确提出："探索基于学科的课程综合化教学，开展研究型、项目化、合作式学习。"实践学习正是我们实施综合化教学的有效途径，通过在实践活动中检验学习效果，在活动中观察、发现、探索、积累，实现学做结合，做中学、学中做，互相补充完善。

实践学习以劳动实践、艺术创作、传统文化浸润为学习主要载体。学生通过积极参与"'绿手指'种植""庐阳棕编""美食课堂""走进年俗"等课程，了解社会、了解国情、了解文化，提高创新意识，培育优质品格。在多元评价促进下，学生最终形成终身发展的个性化素质，让体验浸润儿童生命成长。

"'绿手指'种植"课程通过学习植物的特性、节气与种植的关系、种植的方法等，体验劳动的乐趣，感受生活的美好。"庐阳棕编"课程通过棕编的历史溯源、作品欣赏、材料选择、编织技法等内容的学习，让学生在动手动脑中感受棕编技艺的独特魅力，提高学生的审美情趣，获得创作带来的快乐感和成就感。"美食课堂"是将徽州美食文化带到课堂中，通过认识、学做、品尝、欣赏、感悟，在实践中体会安徽不同地区饮食文化的特点及差异。"走进年俗"课程通过收集资料、动手制作、才艺展示、活动体验等形式让学生对"年俗"有更全面的了解，激发儿童对传统节日内涵的兴趣，吸引学生热爱、亲近民族传统文化，提高对民族文化的认同感。

实践学习的评价重点关注两个维度：其一是过程的评价，是对儿童参与活动过程的知识、技能、情感、合作意识等，以记录表（册）的形式予以评价。其二是成果的评价，如手抄报、作品展示、个人技能展示、成果发布会等。评价既关注个人发展，又关注团队协作。评价的主体也是多元的，可以自评、互评、师评等。

（撰稿者：王大圣）

第一节

"绿手指"种植

劳动教育是全面发展学生素质教育中的重要内容之一，在"德育为先，五育并举"的思想指导下，加强学生的劳动实践活动是促进学生全面发展的重要途径之一。2020年7月教育部印发的《大中小学劳动教育指导纲要（试行）》中指出："劳动教育是新时代党对教育的新要求，是中国特色社会主义教育制度的重要内容，是全面发展教育体系的重要组成部分，是大中小学必须开展的教育活动。"劳动教育主要包括日常生活劳动、生产劳动和服务性劳动的知识、技能与价值观。

一、课程价值

中华民族有着悠久的农业种植经验。随着社会经济的发展，工业化智能科技飞速发展，加上城市建设的高速发展，土地耕种早已离开了人们的视线，生产劳动这样的基础性农业操作活动也就远离了孩子们的生活。儿童对植物的认知基本上来自媒体、书籍以及家长的灌输，很少有时间能够走入田间地头，亲身参与农业种植中来。为了破解这种学习短板，让儿童有亲手实践、亲身体验劳动的机会，学校在校园内改造了原有的绿化角，开辟出植物种植区域，商讨种植形式并进行场地设计，在课程中开设了"'绿手指'种植"课程。

"'绿手指'种植"课程的价值在于给儿童提供一个可以开展劳动实践的试验田，让他们在老师的引领下学习掌握基本的种植方法和技能，了解基础的农业常识，在动手实践中激发观察、发现与探究问题的兴趣，培养动手实践、解决问题的能力。儿童在生产劳作中体验劳动的辛苦和付出，体验收获的快乐，形成正确的劳动观。

二、课程目标

1. 在种植课程学习中，掌握植物基本的生物学知识，在实践操作中学会正确使用简单的种植工具，了解种植过程。

2. 学习节气与种植的关系，能够运用所学方法开展种植实践活动，参与种植过程，培养观察分析总结能力，分享劳动经验。

3. 通过义卖活动体验劳动成果如何产生社会价值，将课程活动形成闭环，品尝劳动创造美好生活的真谛。

4. 在劳动体验中教育学生热爱劳动、尊重农民，爱惜、节约粮食，体会"劳动最光荣"的含义。

三、课程内容

"'绿手指'种植"课程可以说是"泥土里长出的学问"。课程植根在土壤，立足于自然，回归在土地；"长"是儿童从中获取知识的途径和通道，是儿童探索的过程和思辨的过程，是学习动能；"学问"就是儿童获得知识，将过程转化为收获、能力和成长。在课程学习中，培养儿童自主学习、主动探究、与他人分工合作等能力，增强社会责任意识。

模块一：植物的奥秘

课程进行前，指导教师需要提前将一些常识性知识向儿童进行普及和传授。让学生了解植物的组成、各部分的名称及作用、植物的习性特点等；知道在种植活动中工具的使用方法、技巧，需要注意哪些工作等。孩子们通过聆听讲授、实际操作、手绘植物图解等方式开展学习，掌握基础农业知识。

模块二：乐学节气与种植

因时制宜、因物制宜。儿童在种植的过程中学习中国的二十四节气。了解节气名称与自然界气候间的联系及节气在农事活动中指导农活的重要作用。收集与节气有关的古诗、谚语、故事读一读、说一说，在室内学习课中开展分享学习；设计一幅节气书写作品，通过摘抄、绘画、诵读等方式将节气与种植关系表现出来。

模块三：巧手种植本领强

通过实践活动，认识及学会正确使用简单的劳动工具，如铲子、耙子、洒水壶，了解工具的用途和使用方法，在指导教师的带领下运用劳动工具进行播种和使用；以图片或实物等途径认识种植过程中会用到的各种农用物资，如插杆、绑扎带、肥料、药品等。在家长的引导下利用网络查找这些物资的性质、作用、使用方法、注意事项等，拓展自己的知识结构。

模块四：观察探索寻真知

参与种植，通过体验学习了解生物生长的过程，掌握植物的生长规律，分析过程中出现问题的原因，探索种植中的规律就是培养儿童自主学习、发现问题、探寻真知、答疑解惑的过程。如：设计儿童种植观察记录册，要求按一定时间观察同一棵植物并画出来，说说自己的发现；或者，同一种植物种植后出现两种不同的情况，找出原因所在；寻找问题答案的过程就是探究事物本质的过程，也是孩子们解决问题、获取知识的过程。

模块五：劳动成果乐分享

种植最大的乐趣就是辛勤劳动后的收获与分享，也是孩子们成就感满满和最开心的时候。在课程中鼓励儿童将自己的劳动成果进行分享，体验劳动的价值。开展社区义卖活动，得到的费用用来购买下一季需要用到的种子；还可以开展送温暖活动，将蔬菜、果实送给社区的敬老院，让劳动成果更有价值，培养孩子的社会化行为。

四、课程实施

本课程适用对象为三年级学生，喜爱自然、喜爱种植的孩子可以报名参加。任课教师由学校聘请安徽农业大学教师和本校一名老师共同负责。教学场地在学校教学楼东楼东侧的种植园，雨天在教室上理论课。每周四下午放学后的一小时是本课程的学习时间。

（一）前期部署（第1—3周）

1. 调查统计小学教材上所涉及的植物和平时经常看到的农作物，结合学校地处的实际情况进行筛选分类，优先考虑生长周期合适、容易观察的植物种类，如辣椒、西红柿、丝瓜、茄子等。

2. 查阅有关种植研究方面的资料，了解各地对此相关的研究。

3. 设计种植观察记录手册，设计时多留一些画画的位置。

4. 确定种植园的位置，划分各班级种植区域，插上班级标签板。

5. 物资准备包括种子、菜苗、小水桶、洒水壶、小铲子、修剪刀、肥料等。

（二）种植实践（第4—25周）

1. 了解植物的品种、特点、生活习性等，懂得种植的环节，掌握简单的种植方法，学会栽种一种植物。

2. 了解当前植物栽培种植的新技术和新方法，如：墙体栽培、管道栽培、立柱栽培、无土栽培等。

3. 具体活动步骤：（1）将参加"绿手指"课程的孩子划分成小组，选出组长。（2）开展校园植物摸家底工作，带领学生对校园里的植物进行登记造册，了解校园里花木的种类、数量，主要品种的名称、特点，如何栽培管理，并制作树木名片，让更多的儿童了解。（3）由各小组的组长负责，组织小组成员制作调查表或列出问题提纲，向家长、技术人员、农民调查一些种植蔬菜、花卉的相关知识，对资料进行分类、汇总和统计。（4）各小组讨论交流，与指导老师讨论和确定在"绿手指"种植园中种植的植物种类和具体作物，讨论确定种子或种苗的来源。（5）为种植做好物料的准备，包括翻地、整地、补充土壤底肥，做好种植前的基础准备工作。（6）将孩子们分成课外值日小分队，在课程之外的时间对种植园内的植物进行维护，如清理杂草、观察定时浇水装置是否正常运转、有无发生病虫害等情况，对植物进行常态管理。（7）在观察记录手册中坚持记录植物生长情况以及自己的发现和问题，并对问题的解决提出建议。（8）了解病虫害防治知识，了解出现病虫害时在植物上呈现的状态，并在老师的带领下尝试进行病虫害的防治工作。

（三）成果交流（第26—28周）

1. 各小组采收种植的成果，小组间互相评比和观赏劳动成果，并把活动记录及种植活动的相关照片、采收情况进行统计，作为课程资料存档。

2. 将收获的果实进行整理，开展社区义卖。社团成员合理分工，做好卖前、卖中和卖后的各项工作，如宣传组制作海报，销售组合理定价、学习销售方法、准备销售物资等，最后将义卖费用捐给社区敬老院传播爱心。

3. 开展种植体验沙龙活动，每个组员谈谈在活动中的收获和体会，将提交小论文、观察日记等。

4. 收集参加课程活动的各种资料，撰写活动总结、提交种植学习小论文或观察日记。

五、课程评价

根据儿童参与种植课程的表现、参与度，采用过程性评价和成果性评价作为对儿童参加课程的评价。

（一）对学生的评价

过程性评价包括前期准备、记录手册完成情况、参与种植的实践表现、后期实践活动的参与等；成果性评价包括学习课程后撰写的心得体会、提交种植学习小论文或观察日记等。通过综合性评价的方式对课程进行多角度、立体测评。评价方式多元化，以涂星星的方式进行评价，综合评选出"种植小能手"。（见表3-1）

表3-1 "'绿手指'种植"课程评价表（学生）

评价项目	评价具体指标	各 项 评 价		
		自评	他评	师评
前期准备	积极主动参与收集课程的相关资料，查阅有关种植方面的知识，拟定自己的学习目标。	☆☆☆☆☆	☆☆☆☆☆	☆☆☆☆☆
手册完成情况	认真、主动地按计划填写记录手册，记录手册内容丰富，图文并茂，整齐有章法。	☆☆☆☆☆	☆☆☆☆☆	☆☆☆☆☆
实践表现	积极参加种植活动，不无故缺勤，能与其他组员团结协作共同完成实践活动，主动性高。	☆☆☆☆☆	☆☆☆☆☆	☆☆☆☆☆
成果展示	能根据课程学习体验，积极撰写心得体会、小论文、观察日记等。	☆☆☆☆☆	☆☆☆☆☆	☆☆☆☆☆

（二）对课程的评价

课程结束后，学生对课程的设计、实施、活动等方面进行综合评价，为后面课程的改进提供意见指导。（见表3-2）

表3-2 "'绿手指'种植"课程评价表（课程）

评 价 指 标	分 值	学生评	家长评
课程内容丰富，有趣味	20		
教师讲解生动，有示范	20		
同学合作愉快，有感情	10		
实践活动快乐，促成长	30		
展示活动成果，有分享	20		

（撰稿者：陈燕萍　季媛媛）

第二节

庐阳棕编

　　《中共中央国务院关于深化教育教学改革全面提高义务教育质量的意见》指出："实施学校美育提升行动，严格落实音乐、美术、书法等课程，结合地方文化设立艺术特色课程。广泛开展校园艺术活动，帮助每位学生学会1至2项艺术技能、会唱主旋律歌曲。引导学生了解世界优秀艺术，增强文化理解。鼓励学校组建特色艺术团队，办好中小学生艺术展演，推进中华优秀传统文化艺术传承学校建设。"因此，我们需要开辟这样的课堂，让中华传统文化艺术浸润孩子的童年。

一、课程价值

　　"庐阳棕编"是利用棕丝制成的传统手工艺品，是编织工艺的主要品类之一，是合肥市首批区级非物质文化遗产项目。我们发现，"庐阳棕编"不仅能锻炼孩子的动手能力，还能拓展孩子的想象思维和创造能力，提高他们的审美情趣，提升他们的综合素养。为了把这一优秀的中华传统文化艺术传承和弘扬下去，学校在2017年率先垂范，克服困难，引入了"庐阳棕编"课程，并聘请了非物质文化遗产"庐阳棕编"传承人梁旭初作为专职教师，同时配备了棕编兼职教师3人。

　　西园新村小学北校致力于打造"求真、守纯、向善、绽美"的小天鹅课程，多彩的课程、多维的学习让学子们在多样平台上绽放生命的精彩。"庐阳棕编"课程的引入既丰富了学校的课程体系，也给孩子们提供了一个非常好的展示自我的平台。

让"庐阳棕编"这一中华传统文化艺术浸润孩子们的童年，让孩子们在边学边做中提高动手操作能力，激发他们的想象力和创新思维，提高审美情趣，从中获得动手创作的极大乐趣和成功体验。

二、课程目标

学生通过本课程的学习，在知识、能力和素养方面应达到的目标如下。

1. 学会并掌握棕编艺术创作中的穿、插、扣、拉、折、缠、捏等多种手工制作的基本表现方法，了解缠扣法、穿插法、裁剪法、挑压法、收边法、盘花法等编织技法，能够编织简单常用的棕编作品。

2. 通过棕编课程学习，培养学生仔细观察的习惯和动手操作的实践能力，培育热爱劳动、珍惜劳动成果的品质。

3. 通过学习棕编制作，感受美、欣赏美、创造美，提高审美情趣，激发对美好生活的热爱。

三、课程内容

本课程通过棕编的历史溯源、作品欣赏、材料选择、编织技法等内容的学习，让学生在动手动脑中感受棕编技艺的独特魅力，提高学生的审美情趣，获得创作带来的快乐感和成就感。按内容可以分为以下七个模块。

模块一：庐阳棕编的起源

具体内容包括：了解庐阳棕编的起源、演变、传承和发展，知晓它在合肥地区及周边的兴衰过程，明白它是中华优秀传统文化艺术的一部分。

模块二：庐阳棕编作品赏析

具体内容包括：分类别欣赏花卉、昆虫、鱼类、玩偶、包、生肖等庐阳棕编作品，感受作品的造型美、技艺美，从中获得美的享受，不断提升学生的审美情趣，激发学生进行棕编创作的热情。

模块三：庐阳棕编的材料选择

具体内容包括：认识了解棕榈树，知晓庐阳棕编是以棕榈树叶为原材料进行编织创作的，明白可以采用新鲜棕榈树叶和干棕榈树叶两种原材料进行手工创作，认识不同的棕编创作工具。

模块四：庐阳棕编技法之一

具体内容包括：学习庐阳棕编技艺的基础编织方法——缠扣法，初步掌握棕编艺术创作中的穿、插、拉、缠等多种手工制作的基本表现方法，学会昆虫蚂蚱的编织。了解昆虫的共同结构特点，引导学生留心观察大自然。在棕编创作的过程中培养学生细心专注的劳动习惯。

模块五：庐阳棕编技法之二

具体内容包括：学习庐阳棕编技艺的基础编织方法——穿插法、裁剪法，掌握棕编艺术创作中的扣、折、捏等多种手工制作的基本表现方法，学会玫瑰、蝴蝶的编织。学会正确地使用剪刀、锥子（带槽）、大号缝衣针等各种编织工具。在棕编创作中培养学生互助合作、吃苦耐劳的精神。

模块六：庐阳棕编技法之三

具体内容包括：学习庐阳棕编技艺的基础编织方法——挑压法、收边法，熟练掌握各种手工制作的基本表现方法，学会龙、蛇、凤凰、生肖的编织。了解动物在行走、奔跑、跳跃、飞行过程中表现出的曲线美，懂得如何在作品中表达动物的美，培养学生的工匠精神。

模块七：庐阳棕编节庆活动

具体内容包括：结合学校的节庆安排，每学期定期开展"庐阳棕编艺术节""庐阳棕编淘宝节""创客节"等活动，通过展台、橱窗、大屏等平台展示学生的优秀棕编作品，使学生感受到棕编创作带来的快乐感和成就感，激发学生对中华优秀传统文化艺术的喜爱之情。

四、课程实施

本课程适合在四、五年级开展。根据学生的年龄特点和知识、能力水平，将庐阳棕编课程的实施分为三个阶段。第一阶段（四年级上学期）：主要了解庐阳棕编的历史起源，欣赏棕编的优秀作品，认识棕编创作的工具和材料，学习棕编的基础技能，培养初步动手能力；第二阶段（四年级下学期）：进一步学习庐阳棕编的编织技巧，培养学生的造型能力，能编织蚂蚱、蝴蝶、玫瑰等简单作品。第三阶段（五年级上、下学期）：熟练掌握缠扣法、穿插法、裁剪法等编织技法，培养学生精益求精的工匠精神，能编织龙、蛇、凤凰、十二生肖等复杂作品，学生有较高的审美情趣。

组织形式是以社团形式开展，每个年级的棕编社团招收学员30—40人左右，每周五的社团活动时间开设一节课，每节课2小时，由专任棕编老师进行授课，每学期开设15次课，每学年共30节课。学校建有专用棕编活动室，每年拨付一定的活动经费，无偿为学生提供棕编创作材料，聘请"庐阳棕编非遗传承人"梁旭初大师亲自授课，保证了棕编课程的顺利实施。

"庐阳棕编"课程的教学采用资料收集、实物欣赏、互动示范、动手实践、交流展示等多种方式，具体实施方法如下。

1. 资料收集：启发学生有计划地收集与庐阳棕编起源、演变、传承、发展等有关的资料和图片，充分感受中华优秀传统文化艺术的魅力。

2. 实物欣赏：展示多姿多彩的棕编艺术作品，欣赏作品中呈现出的造型美、技艺美，提高审美情趣，获得美的享受，激发创作的欲望。

3. 互动示范：授课教师示范讲解，手把手指导，及时纠正学生技法上的错误，让学生正确掌握编织创作的诀窍。

4. 动手实践：学生在授课教师的指导下动手创作，通过实践操作掌握各种编织技法，创作出不同类型的棕编作品，从中获得快乐和成就感。

5. 交流展示：通过各类活动展示学生创作的优秀棕编作品，给学生提供展示自我、相互交流的平台，促使学生在交流中进步，在交流中成长。

五、课程评价

学校制定了比较完备的"庐阳棕编"课程评价体系，既有对课程实施过程的评价，也有对课程自身的评价。

（一）评价方式

采用学生自评、互评及教师和家长对学生评价等方法。从出勤、上课态度、掌握技能等方面进行客观全面的自我评价。加强互评，促进交流。要淡化学生之间的相互比较，引导学生对"棕编作品"本身的观察与描述，强调多关注同伴身上的优点。老师和家长的评价以鼓励为主，多肯定棕编创作过程中表现出来的良好劳动习惯和精神风貌，对创作的棕编作品给予正面评价，树立学生的信心。同时，肯定激励与诊断评价相结合，帮助学生更好地掌握编织技法。（见表3-3）

表3-3 "庐阳棕编"课程评价表

评价项目	评价标准	评价主体			
守时遵纪	1. 按时参加每次的棕编课学习，不迟到不早退，不无故缺课。 2. 严格遵守课堂纪律。	自我评价	伙伴评价	教师评价	家长评价
学习态度	1. 学习态度端正，认真学习棕编的基本手法和技能。 2. 勤学好问，想象丰富，敢于创新，动手能力强。	自我评价	伙伴评价	教师评价	家长评价
学习成果	1. 能独立完成作品创作。 2. 作品造型规整、美观。 3. 技法纯熟，有一定的艺术性和独创性。	自我评价	伙伴评价	教师评价	家长评价
总 评					

（注：本评价表根据实际情况可分为优秀、良好、合格、不合格四个等级）

（二）对课程的评价

对课程评价的目的，主要在于获取反馈信息，以便改进教与学，提高下一轮课程开发的质量。

1. 学校评价：从课程纲要的制定、教学设计的可行性、课堂教学的有效性三方面进行优秀、良好和合格的等级评价。（见表3-4）

表3-4 "庐阳棕编"学校管理评价表

序　号	评价内容	评 价 等 级		
		优　秀	良　好	合　格
1	课程纲要的制定			
2	教学设计的可行性			
3	课堂教学的有效性			
建议				

2. 学生评价：计划采用问卷调查和学生座谈会的形式，从以下几个方面进行调查：（1）课堂组织是否有序；（2）时间安排是否恰当；（3）教学内容是否生动有趣；（4）课堂上是否有更多的动手编织的机会；（5）方法选择是否多样合理；（6）对教学效果是否满意；（7）你还有哪些好的建议？

（三）成果评价

学校每年的校园淘宝节、创客节期间，会布置专门的展台，举办"庐阳棕编"成果发布会，通过学生的展示、介绍、交换、购买等形式，让学员们感受创作的成功与喜悦，让"庐阳棕编"这一中华传统优秀文化"浸校园、植心间"。每次成果发布会，我们会从准备、宣讲、展示、收益几个方面进行评价。（见表3-5）

表3-5 "庐阳棕编"成果发布会评价表

序　号	评价内容	评　价　等　级		
		优　秀	良　好	合　格
1	准备工作			
2	作品展示			
3	宣讲效果			
4	展台人气			
5	交易情况			

（撰稿者：方刘兆）

第三节

美食课堂：体验徽州美食

中共中央、国务院在《关于深化教育教学改革全面提高义务教育质量的意见》文件中指出：坚持"五育"并举，全面发展素质教育，突出德育实效。其中提到教育教学应当深化实践育人，大力开展理想信念、社会主义核心价值观、中华优秀传统文化、生态文明和心理健康教育。加强爱国主义、集体主义、社会主义教育，引导少年儿童听党话、跟党走。

一、课程价值

学校地处安徽省合肥市市中心，优质的商圈环境已让学生们接触并尝遍各种各样的地方美食。在小学高年级（五、六年级）的课本中，关于美食的词汇也是常常出现。课上课下，学生们对美食话题的探究总是充满热情。"民以食为天，食以味为先"，在生活中，八大菜系之一的徽州美食陪伴着我们长大。不难得见，发端于唐宋时期，兴盛于明清时期，并一度居八大菜系之首的徽菜在中华美食文化中的影响是深远的。俗话说得好，"一方水土养一方人"，我们可以通过创设安徽特色的地方美食课程来丰富课堂上学习的内容，通过亲身实践，引导学生对家乡饮食文化的认识，从而培养他们对家乡的骄傲、自豪感和民族热爱之情。

教师通过将徽州美食文化带到课堂中，学生以团队合作的形式认识、学做、品尝、思考。在实践中感受安徽不同地区饮食文化的特点及差异。让生活贴近课堂，拓宽学生的眼界，让美食的知识成为课本知识的拓展和延伸。

二、课程目标

1. 初步了解安徽合肥本土的经典美食或特色名点的起源发展、历史故事、制作方法及其相关的文化知识，逐步向安徽其他各地拓展。

2. 掌握自主探究的方法，通过查找资料、汇总信息并总结的模式参与课堂及各项实践环节，学会与同伴交流分享，尊重他人的意见、想法，在展示中锻炼自己的组织能力和表达能力。

3. 感受安徽美食文化的差异，试着动手做一道感兴趣的美食，带到课堂中来与同学们一起品尝，培养动手能力和创新能力。

三、课程内容

本课程围绕安徽特色的饮食文化中学生感兴趣的经典美食展开探究，从学习各个地方的美食起源，到动手制作自己的拿手菜，逐步让徽州美食文化进入学生生活，在实践中，体验美食课程的魅力。本课程共30个课时，每学期15课时。具体课程内容如下：

模块一：饮食与文化

1. 炎黄子孙与美食。介绍从商周时期的中国膳食文化的起源，到春秋战国时期的差异最鲜明的南北菜肴；从唐宋时期逐步发展菜系体系的南菜、北菜，到南宋时期形成南方喜甜、北方喜咸的口味格局；从清朝初期影响最深远的"传统四大菜系"，到清朝末期菜系中又分化出的"四大新地方菜系"……使学生通过这一课时的学习，了解到享誉世界的中国八大菜系是由以咸鲜为主的鲁菜、以麻辣为主的川菜、以鲜香为主的粤菜、以清淡为主的苏菜、以甜嫩为主的浙菜、以荤香为主的闽菜、以香辣为主的湘菜、以鲜辣为主的徽菜构成的。

2. 中国人的筷子文化。说到中国人餐桌上的那些事儿，一定离不开一双筷子。两根长长的筷子，这副餐具夹起的是中国人数千年来对中华美食的情感，它是一种传承，更是一种记忆。让学生了解筷子的历史起源、使用方法、婚礼习俗和餐桌礼仪，培养学生尊重中西方的差异，以及对中华美食独一无二的民族文化的热爱之情。

3. 中华美食知多少。教师在班级中组织一场游戏竞赛，以分组积分的形式开展，在调动学生课堂参与度和互动积极性的同时，关注学生对知识的掌握。

模块二：独具匠心的烹饪工艺

美食之所以让我们戒不掉，是因为它既能给我们味蕾上的归属感，又能给我们口感上的新鲜感，每一种菜肴的发明都是有考究的。我们中国的美食制作是独具匠心的，总共可以分为24种，包括家庭常用的炒、加热时间极短的爆、旺火快速烹调的熘、多油无水的炸、复杂多变的烹、热锅少油的煎、黄脆鲜嫩的贴、火候多变的烧、微火加盖的焖、软烂咸鲜的炖、熟嫩酥烂的蒸和速成汁多的余等制作方法，同时配以相应的菜肴图片，帮助学生更直观地认识这些烹饪工艺。

模块三：走近徽菜

1. 一碟徽菜，一份乡情。学生分组介绍徽菜源远流长的发展历史、以鲜制胜的菜系特色、独具匠心的经典菜品、传统讲究的制作方法等。在一段段讲述和一道道美食中，让同学们感受徽菜"重火候"的特点和酥嫩鲜香的独特风格。教师在学生介绍之后对该组学生进行鼓励性评价，并补充其他关于徽菜的小知识。

2. 我家餐桌上的徽菜。教师提前布置一项家庭作业，请学生用相机记录家里一周的饮食，并制作成电子相册。课上，教师将学生作业展示在大屏幕上，以游戏的形式在班级中开展"寻找徽菜"的活动，并请学生说说找出的徽菜菜品属于哪种烹饪方式，并为菜品分类等。

3. 舌尖上的庐州-合肥菜。徽菜中的五大代表之一少不了采集古庐州小吃的精华合肥菜。很多学生都是合肥本地人，吃着咸甜适中、鲜香讲究的合肥菜长大，对合肥菜可谓情有独钟。教师抓住这一特点，引领学生深入了解合肥菜的代表菜品，例如：肥西老母鸡、公和堂狮子头、吴山贡鹅、庐州烤鸭、三河米饺、包公鱼、逍遥鸡、小刀面等。

4. "嘴不得歇"的老合肥人。主要围绕合肥当地的点心、小吃展开。合肥的"四大名点"是小有名气的本土特产，课前，四组学生分别查阅麻饼、寸金、烘糕、白切当中任意一个点心的相关资料，课上与同学们分享。有条件的情况下，可以将好吃的"四大名点"带到课堂中，一边学习它的相关知识一边品尝它的美味，让"四大名点"在学生心中留下更深刻的印象。

5. 合肥的大街小巷"好得味"。学生在课前提前收集自己喜欢的香气传遍街头巷尾的合肥名小吃，例如：合肥的早餐辣糊汤、下塘集的小吃烧饼、庐阳的点心汤包和鸭油烧饼等。课堂上，在组内进行讨论、交流，最后，派一名代表汇报本组探究合肥名小吃的学习成果。

6. 学做一道合肥菜。学生自主选择一道自己喜欢的合肥菜，研究菜品的制作方法，尽可能多鼓励学生在父母的帮助下完成这道菜的烹饪，有条件的情况下可以将做菜的全过程以录像的方式记录下来。课堂上，学生自行选择用讲述或播放视频的形式展示自己学做的合肥菜，分享自己学做合肥菜的收获。有条件的话，学生可以把自己做的合肥菜带到课堂中与同学们一起品尝。

模块四：上天下地的皖南菜

1. 皖南菜。学生自主选择一道皖南菜为探究对象，例如：油煎虎皮毛豆腐、黄山特色炖鸽、清蒸野生石鸡、典故问政山笋、徽派臭鳜鱼等，收集菜品的相关资料，在组内分享、交流，并派一名学生代表将组内信息汇总，以演讲的方式向全班同学介绍。教师引导学生总结皖南地区的菜系的特点：喜欢烹制山珍海味而闻名，皖南人擅长炖、烧的烹饪方法，制作过程中讲究火功，爱吃芡大油重的食物，又朴素实惠。

2. 学做一道皖南菜。请学生自主选择一道自己喜欢的皖南菜，研究菜品的制作方法，可以在父母的帮助下完成这道菜的烹饪，有条件的情况下可以将做菜的全过程以录像的方式记录下来。课堂上，学生自行选择用讲述或播放视频的方式展示自己学做的皖南菜。

模块五：热气腾腾的皖北菜

1. 皖北菜。学生自主选择一道皖北菜为探究对象，例如：鸡汤面叶、格拉条、牛肉馍、板面、油茶、糖糕等，收集菜品的相关资料，在组内分享、交流，并派一名学生代表将组内信息汇总，以演讲的方式向全班同学介绍。由于皖北地区在地理位置上比较靠近山东省、河南省，所以饮食文化上也互相影响。教师引导学生发现皖北菜和皖南菜的不同，总结出在日常饮食中皖南人爱吃米食、皖北人爱吃面食，皖南人爱吃清咸、皖北人爱吃鲜辣，皖南人的饮食精巧细致、皖北人的饮食粗放实在的特点。

2. 学做一道皖北菜。学生自主选择一道自己喜欢的皖北菜，研究菜品的制作方法，在父母的指导和帮助下完成这道菜的烹饪，可以将做菜的全过程以录像的方式记录下来。课堂上，学生自行选择用讲述或播放视频的形式展示自己学做的皖北菜。

模块六：鲜香味美的皖江菜

1. 皖江菜。学生自主选择一道皖江菜为探究对象，例如：银鱼蒸蛋、白米虾糊、红烧白鱼、桐城水碗、石锅江鳗等，收集菜品的相关资料，在组内分享、交流，并派一名学生代表将组内信息汇总，以演讲的形式向全班同学介绍。皖江菜来源于沿江一带，江湖河鲜及水禽水产尤为丰富，人们就地取材，多用清蒸或红烧的方法烹饪美食。教师可以指导学生在探究过程中围绕原产地为线索展开调查，并在课堂小结时，为学生科普食用水产品的好处。水产品中富含优质蛋白质，而且它的脂肪含量相对较低，还含有健康的多不饱和脂肪酸，处于成长阶段的小学生多吃水产品有助于促进大脑发育，维护心脑血管健康。

2. 学做一道皖江菜。自主选择一道自己喜欢的皖江菜，研究菜品的制作方法，鼓励学生在父母的帮助下完成这道菜的烹饪，以录像的方式记录。课堂上，展示和分享自己学做的皖江菜的过程和收获。

模块七：小小吃货美食家

学生提前准备好一道亲自参与烹饪的美食，可以是点心，也可以是菜肴，用饭盒打包好带到课堂中与同学们一起品尝，并在班级中举办"厨艺大赛"活动，通过自我评价、学生互评、教师评价和家长评价等多维评价方式评选出美食课堂中的"最佳人气奖""最佳搭配奖""最佳摆盘奖""最佳创意奖"。

四、课程实施

本课程适用于高年级（五、六年级）的学生，以校园社团的形式实施。每学年共有2个学期，每周1个课时，一学期共15课时，一学年共30课时。组织形式建议每组6人，分4组，共24人。学生是课堂的小主人，在本课程中学生可以自主选择美食探究的地区和种类，在小组中分工合作完成资料收集、汇总、分享等全过程，走进美食世界，了解安徽各个地区在食物喜好上的差异，体验徽州美食的文化内涵。建议教师在授课过程中使用的教学工具和手段主要为互联网信息、多媒体课件、视频资料和生活中的饮食经验等。在课程开展前期，教师担任领路人的身份，采用启发式教学，引导学生一步步操作，对各个环节的实践过程支持辅助。具体实施方法如下。

（一）启发式教学

教师在课程前期介绍中华美食传统八大菜系、筷子文化、烹饪工艺等美食基础知识逐步过渡到徽菜菜系，接着从介绍合肥本地的美食文化、风俗等，再到安徽各个城市、地区的风土人情及具有代表性的美食。在整个美食课堂中，教师要引导学生在自主探究中确定目标，在汇报、总结、分享、展示时做到及时评价或补充重要的知识。

（二）资料整理

对于实践过程中探究美食相关溯源资料或美食的制作方法等，都需要学生自己学会资料整理，学生可以利用互联网、书籍、访谈等方式搜索或总结在生活中品尝美食的方式，将选定探究的美食资料在组内分享、汇总，并派一名代表向全班同学介绍。这不仅丰富了学生的求知手段，更锻炼了他们在资料整理的过程中学会主动学习，培养良好的学习习惯和团队意识。

由于小学阶段的学生可能对计算机、手机的操作能力有限，学生在收集美食相关资料的过程中可能会存在问题，教师要细心观察，及时对需要帮助的学生进行耐心辅助、认真指导。

（三）展示与体验

让汤汁厚重、味鲜浓郁的美食从餐桌走进课堂，学生在品尝中感受美食的色、香、味，总结出徽州美食重视用油、重视色泽、重视火功的特点。

1. 分组确定探究美食对象。小组内，每个组员各自分配任务，明确目标，在一起讨论、交流，用演讲、绘画、制作等多种形式学会与他人合作。

2. 亲手参与美食制作。学生提前在家中录制一段制作美食的视频，可以在父母指导下参与美食制作的全过程，课上播放视频，其他同学仔细观察美食的烹饪方法；大家一起绘制精美的菜谱，并将每次"学做一道菜"的作品以照片、菜谱的形式装订成美食书，为本课程留下纪念。

3. 美食节派对。每组学生将提前准备好的美食带到课堂中给大家品尝，在感受美食的同时对本次课程的学习效果做出评价。

五、课程评价

（一）积分制评价

评价标准包含平时的出勤情况、自主探究效果、合作交流情况、展示与反馈和厨艺作品成果等五个方面。（见表3-6）

表3-6 "体验徽州美食，传承家乡味道"课程学习评价表

评价项目	评价标准	分值	自我评价	同学互评	教师评价	家长评价
出勤情况	按时上课，做到不迟到、不早退。	10分				
自主探究效果	认真收集每一课时要求探究的美食对象的相关资料，细致有效地整理学习内容。	20分				
合作交流情况	有自己的见解，善于倾听他人发言的内容，尊重他人的想法，乐于帮助他人解决问题，明确分工要求。	20分				
展示与反馈	介绍美食时语言流畅、表达清晰，积极参与美食烹饪实践活动。	20分				
厨艺作品成果	菜肴食材上搭配合理，满足一定的营养需求，色泽诱人美观，形态恰当，香气扑鼻，味感符合徽菜特点，富有创意。	30分				

按照本次课程设计的《"体验徽州美食，传承家乡味道"课程学习评价表》打分，帮助教师、家长了解学生的学习态度及效果，帮助学生认识自己在学习本课程时的能力及掌握程度。

评价表在整个课程结束之后填写，同学互评部分由该学生所在的小组成员交换互评。本课程的总考核满分为100分，自我评价、同学互评、教师评价、家长评价各占25%，最后计算总成绩，85—100分为优秀，75—84分为良好，60—74分为合格，60分以下为待合格。获得85—100分的学生，授予"小天鹅美食家"称号。

（二）问卷调查评价

通过一系列问题，帮助学生了解自己对本课程的学习态度和掌握情况，

同时，有助于教师提升自己的教学能力和效果。（见表3-7）.

表3-7 "体验徽州美食，传承家乡味道"课程学生问卷调查表

评 价 项 目	经常	偶尔	很少	从无
你是否对徽州美食课程的探究一直感到有兴趣？				
你是否愿意主动参与小组讨论，尊重他人意见，并提出自己的见解？				
你是否通过本课程的学习掌握了自主探究的方法？				
你是否认为通过学习本次课程更加热爱美食，热爱安徽？				
你是否认为教师的教学对你的学习产生了积极作用？				
你是否感到在学习本次课程之后在美食文化知识、动手能力、学习方法等方面有所收获？				

（撰稿者：张庭婷　王大圣）

第四节

走进年俗

　　传统文化是一个民族的灵魂和根本，习近平总书记在全国宣传思想工作会议上特别强调："要讲清楚每个国家和民族的历史传统、文化积淀、基本国情不同，其发展道路必然有着自己的特色；讲清楚中华文化积淀着中华民族最深沉的精神追求，是中华民族生生不息、发展壮大的丰厚滋养；讲清楚中华优秀传统文化是中华民族的突出优势，是我们最深厚的文化软实力；讲清楚中国特色社会主义植根于中华文化沃土、反映中国人民意愿、适应中国和时代发展进步要求，有着深厚历史渊源和广泛现实基础。"

一、课程价值

　　中国学生发展核心素养要求学生要有文化基础，要培养孩子的人文底蕴和科学精神，还要求学生要有自主发展和社会参与的能力。儿童学习传统文化不仅可以提高他们的文化内涵，培养人文情怀和审美情趣，还能吸取传统文化中的风骨和力量，帮助他们树立正确的世界观、人生观、价值观，培养他们形成优良的道德品质。其次，在学校进行传统文化教育是非常必要的，既能传承传统文化，培养学生的自主发展能力和社会参与的能力，更能促进学校的全面、可持续发展。于学生而言，接受传统文化的熏陶，能够提高文化修养，提升文化内涵。于教师而言，进行传统文化教育，既能增强自身的综合素质，彰显学校的特色，又能弘扬中国的传统文化精神。

　　西园新村小学北校地处繁华区域，周边交通便利、信息发达，学生们成长于看日本动漫、美国大片，吃汉堡喝可乐的环境中，缺少传统文化的滋养。

为了提高学生的文化底蕴、提升他们的民族精神，学校开设了"走进年俗"这一特色课程。

二、课程目标

1. 了解中国传统节日的深厚内涵，熟知有关春节的各种习俗，增长知识和技能，提升文化内涵，弘扬和传承传统文化。

2. 通过收集信息，学会使用多种方式获取信息；通过主题实践活动提高动手能力和创新能力。

3. 加深对春节习俗的了解，激发对祖国传统节日内涵的兴趣，吸引学生热爱、亲近民族传统文化，提高对民族文化的认同力和亲和感，增强爱国主义情感，弘扬和传承祖国的传统文化。

三、课程内容

本课程以"走进年俗"为主题，分为六个模块。

模块一：年俗故事会

本模块主要以小组合作为主，课上教师带领学生阅读有关春节习俗的书籍，课下学生进行小组合作，收集相关信息，培养孩子收集信息和处理信息的能力。

1. 小组合作收集有关春节的传说、故事，春节的各种有趣的习俗，制作资料卡或者手抄报，展示收集的成果。

2. 在班级开一次年俗故事会，各小组互相分享自己所了解的关于春节的一些美好故事、有趣习俗。

3. 最后可以用表格的形式对活动进行总结汇报。（见表3-8）

表3-8 "走进年俗"知识汇报表

小组名称	
小组分工	
活动内容	
活动过程	
活动方法	□上网查询　□小组讨论交流　□查阅资料 □咨询他人　□调查访问　□其他

活动参谋	□教师　　　□家长　　　□其他
成果展示	□资料卡　　　□手抄报　　　□图片　　　□视频 □ppt　　　□其他：

模块二：春节美食汇

本模块以小组合作为主，各小组展示春节特色美食，学做春节美食，激发孩子对传统节日的兴趣。

1. 各小组分组了解家乡春节期间的特色美食以及饮食方面的习俗，用图片或者视频的形式记录这些美食。

2. 比较现在的饮食习俗和过去有什么样的变化。

3. 如何看待这些变化。

4. 各小组学做一种简单的美食，如包水饺、做汤圆等，与家人一起品尝。

模块三：妙手迎新年

本模块以学生个人活动和小组活动相结合，课下进行实践活动，课上展示实践成果，主要培养学生的实践能力和合作能力。

1. 每个学生在春节前可以帮助父母贴春联、贴年画，了解中国的传统习俗，感受节日的气氛。

2. 在春节前可以设计年货清单，帮父母置办一次年货，感受父母的辛苦，用所学知识减轻父母的负担，当一回家庭的小主人。

3. 每个学生在春节期间学唱一首表达新年祝福的歌曲，制作一张贺年卡给家人或朋友，传达美好的祝福和心愿。

4. 寒假期间可以分组进行剪窗花、编中国结的实践活动，切身感受民族文化内涵与精神，发扬和传承中国传统文化。寒假结束后可以在课堂上开展一次成果发布会，让每个学生都有机会展示自己的活动成果。

模块四：新春才艺展

本模块以小组合作为主，在课上分组进行才艺展示，培养孩子的人文情怀和审美能力。

1. 天籁之音。各小组自由选唱与春节有关的歌曲，或配乐演唱、或歌伴舞，各尽所能、各显神通，最终评选出"演唱小天鹅""舞蹈小天鹅""最佳天鹅组合"等奖项，颁发奖状或奖章。

2. 以诗会友。举办新春诗歌会，各组以诗会友，说出与春节有关的诗词，引用诗句或原创都可以，不重复计算，最终以说出诗句最多的小组获胜，选出"最佳天鹅组合"和"诗词小天鹅"等奖项，颁发奖状或奖章。

3. 喜剧之王。春晚小品再现，学生自由组合，根据小组的特色和兴趣选择春晚小品，或直接模仿，或重新演绎。最终评选出"喜剧小天鹅""表演小天鹅"等奖项，颁发奖状或奖章。

模块五：巧用压岁钱

本模块主要以课堂讨论和小组实践活动相结合，让孩子了解压岁钱的各种用途，学会合理使用压岁钱。

1. 在课上发起话题讨论：如何合理使用压岁钱？

2. 课下小组合作，用调查访问的形式调查压岁钱的用途，认真做好记录。

3. 每个学生可以在父母的帮助下制定一个压岁钱的使用计划或方案，培养孩子的理性思维能力和规划能力。

4. 各小组可以用压岁钱来组织公益活动，献爱心、送温暖。

模块六：健康过大年

本模块以课堂研讨为主，了解春节期间的不良习惯，培养孩子健康过年的意识。

1. 课上发起话题讨论：春节期间有哪些不良习惯？

2. 课下学生收集资料，了解节日中的不良习惯对身体的危害。

3. 每个学生做一份手抄报，主题是：健康快乐过新年。

4. 倡导健康快乐过新年，要合理饮食、作息规律、控制娱乐、调适心情等。

四、课程实施

本课程适合一、二年级的学生，总计30课时，每周1课时，每五周上完一个模块。招收的学生主要要求为：对中国的传统文化、春节习俗感兴趣的同学。一个班原则上不超过42个人，以6—7人为一组，每次可以根据不同的主题实践活动来自由组合。

本课程将校内和校外活动相结合。校内活动安排在具有多媒体的教室，课堂模式采用阅读、观看ppt或视频与小组合作讨论相结合，课前收集信息，课上分享资料、自由讨论、展示成果；课后，校内外活动，主张以小组形式，引导学生积极参与实践与拓展。具体实施方法如下。

（一）阅读

课上教师带领学生了解有关春节的一些传说和趣事，课下学生收集关于春节的文字、图片、视频等资料，在课堂上和大家一起分享，帮助全班同学了解春节的来源以及有关春节的各种习俗。

（二）合作研讨

学生对收集的资料进行整理汇总，完成教师布置的思考题，对所学知识进行总结，提出疑问，教师在课堂上与学生一起研讨，各抒己见，教师指导总结。

（三）实践活动

本课程分为六个模块，每个模块都有相应的主题实践活动，教师提出活动要求，学生可以根据活动主题自由组成小组，合理分工，参与相应的校内外实践活动，完成活动要求。

（四）成果展示

每个主题活动结束后，学生在课堂上展示自己的活动成果，可以用精彩的课件、视频、手抄报、资料卡等形式，确保每个学生都有一次上台展示自我的机会，最后师生再针对展示的内容进行研讨，在合作学习中总结感悟和收获、反思经验，在交流和分享中互相学习、共同成长。

五、课程评价

评价的方式是多种多样的，本课程采取自我评价、同学评价、教师评价及家长参与评价的整体评价体系，结合学科素养考查与综合实践活动考查，从资料收集、活动参与、团队协作、成果展示四个方面来考查每个学生。总分值为100分，自评、互评、教师评、家长评各占25%，最后计算总成绩，90—100分为优秀，75—89分为良好，60—74为合格，60分以下为待合格。按照以上考查原则设计"走进年俗"课程评价表，帮助学生了解学习状态，也对教师的课程教学给予反馈，反思教学效果，明确改进方向。（见表3-9）

表3-9 "走进年俗"课程评价表

评价项目	评价内容	分值	自评	互评	教师评	家长评
资料收集	了解春节的来源	8分				
	熟知有关春节的各种习俗	8分				
	认真收集资料，做好记录	8分				
活动参与	能够认真参与每次活动	8分				
	努力完成自己承担的任务	8分				
	自主学习，敢于尝试	8分				
团队协作	小组成员目标一致，共同努力	8分				
	具有高度的团队认同感，凝聚力、向心力强	8分				
	乐于合作，善于与同学交流，懂得尊重他人	8分				
成果展示	通过资料卡、手抄报、图片、视频等形式展示活动成果	8分				
	能充分发挥创新力、想象力	10分				
	能展示个人所长，提高审美能力	10分				
总　评						

（撰稿者：汪玉霞）

第四章

仪式学习，让儿童在各项仪式活动中获得尊重、快乐、光荣和满足，获得积极向上的情感体验。我们以入学礼、入队礼、成长礼、毕业礼等作为仪式学习的主要脉络和骨骼，贯穿孩子的整个小学阶段，让每一个孩子都能在仪式活动中找到自己的位置，对自己的成长过程充满期待。

仪式学习：对成长充满期待

"仪式"按字面意思可理解为礼仪的顺序和形式。仪式学习让孩子在仪式活动中获得体验、感悟和成长。每个人的成长过程都是由很多重要节点串联在一起的，重要节点之所以让人印象深刻，除了事件本身的价值外，就是赋予事件的仪式，成为他成长过程中的助力剂。

西园新村小学北校的仪式学习从孩子踏入校门就开始了，包括常规仪式、成长仪式、集会仪式、节庆仪式。其中成长仪式贯穿始终，有入学仪式、入队仪式、十岁成长礼、毕业典礼等，是仪式学习的主要脉络和骨骼。

入学仪式通过参观队室、参观校园、参加入学开笔礼等途径增强儿童对学校的认同感，唤醒儿童情感体验，培养个人良好的行为习惯和集体荣誉感，为适应校园生活做好铺垫。

一年级第二学期有入队仪式，这是小学阶段儿童遇到的第一个和自己切身相关的仪式学习。戴上红领巾，成为光荣的少先队员是这个时期每一位儿童的最大愿望。通过专题系列的队前教育、队前知识考核，才有机会获得成为一名少先队员的资格。高年级队员为新队员佩戴上红领巾，在队旗下举起右拳庄严宣誓，整个仪式隆重且庄重。

四年级学生在十岁的时候有成长礼。十岁是儿童生命中的第一个十年，是儿童成长过程中的里程碑，是继入学礼和入队礼之后的又一重大仪式教育学习。孩子自我总结自我反思，自己梳理成长的得失，同时引导孩子展望未来、放飞梦想。

六年级的毕业礼是小学生活的回顾、概括和总结，也是开启新征程的起点。通过回忆小学六年的点点滴滴，从老师手上接过红彤彤的毕业证书、聆听校长的祝福、共唱校歌、抚摸校旗、品尝分享毕业蛋糕等环节，让孩子们进入情感氛围，体现了感恩教育、情感教育的意义。

仪式学习除了贯穿始终的主线条外，还有许多丰富的主题仪式作为支撑和补充，如少代会、红领巾淘宝节、"小天鹅"系列活动颁奖仪式等，让每一个孩子都能在仪式中找到自己的位置，发现自我价值和才能。

仪式学习是个体自知的再学习，是促进自我前进的内在驱动；仪式学习是一种激励，也是对自我行为的肯定，同时在仪式学习中对成长充满期待。

（撰稿者：陈燕萍）

第一节

小天鹅入学礼

《中华优秀传统文化进中小学课程教材指南》指出："中华优秀传统文化进中小学课程教材，是强化中华优秀传统文化铸魂育人功能，落实以中华优秀传统文化涵养社会主义核心价值观，实现中华优秀传统文化传承发展系统化、长效化、制度化的重要举措。"在小学阶段要求，"通过识字写字、诵读诗文、听闻典故、亲近先贤、关注习俗等学习活动设计，引导学生在日常生活中增进对中华文化的认识，养成孝老敬亲、礼貌待人，勤俭节约、吃苦耐劳、言行一致等传统美德，体认中华优秀传统文化，培养对国家、民族的感情"。

一、课程价值

告别幼儿园，迈入小学，是儿童成长的重要节点。我国自古以来就有尊师重道的优良传统，古时"入学礼"备受重视，被视为人生四大礼之一，素有"正衣冠""拜至圣先师""拜夫子""净手净心""朱砂启智"等入学仪式。

西园新村小学北校的"小天鹅课程"以培养"求真、守纯、向善、绽美"的"天鹅四品"为主旨，让每一只"小天鹅"从这里起飞。我们通过仪式学习，教孩子守住童年的纯真、纯正与纯美。让入学这个特别的日子生长在儿童的记忆中，让每一个感动的瞬间在儿童的成长中闪亮。现今，我们开设"小天鹅入学礼"仪式课程有以下几个要义。

1. 加强中华优秀传统文化教育，在儿童的心田播撒美好的种子。通过仪式学习，将教育的内隐要求外显化，精心策划、精心组织、精心实施，点亮儿童入学这个美好的日子。

2. 通过仪式学习，创设教育情境，唤醒儿童的情感体验，让浓郁的、阳光的课程文化给儿童留下美好灿烂的回忆。让儿童在体验中有所收获，在收获中逐渐成长。

3. 将现代教育理念与优秀传统文化相融合，与时俱进，守正创新，传承但不守旧，融合恰有创新，以儿童为主体，为儿童提供精神发展、思想发展的"养料"，增强儿童对学校文化的认同，促进学校的文化建设。

4."小天鹅入学礼"为学校教育和家庭教育搭建沟通、合作的桥梁，让家校共育形成合力，满足儿童心灵成长的需要。

二、课程目标

1. 初步感受小学生活与幼儿园生活的差别，对小学生活充满憧憬和期待，努力成为一名合格的小学生。

2. 能沉浸入学课程教育，初步形成"我是小学生"的思想意识，对家长、对老师心怀尊重与感恩。

3. 在仪式学习中乐于倾听，乐于参与，乐于分享，乐于表现，将"我是小学生"的喜悦和自豪传递给家人。

三、课程内容

本课程借助入学礼这一形式，联结学校教育和家庭教育，增强儿童的集体荣誉感，提升儿童对新学校的认同感，努力构建学校层面、班级层面及家庭层面三个维度一体的课程模块。

（一）仪式篇

具体内容包括：学校德育处策划、举行一年级新生入学礼仪式，全校师生共同迎新，欢迎新入学的"小天鹅"。仪式程序含"大手拉小手""歌声迎新""效古知礼""童心向阳"等。

（二）活动篇

具体内容包括：一年级各班班主任组织新生"变身"小导游，向爸爸妈妈介绍自己的学校。开展好第一次班会活动，邀请行业先锋或道德模范，给孩子们讲述他们的故事。让孩子们在亲历者的讲述中接受心灵的洗礼，生发对真、善、美的憧憬与向往。邀请家长参与首次班会活动，增加孩子们在班级活动中的参与热情和参与程度，活动程序含《倾听》、视频快闪《告别幼儿园，我是小学生》、诗朗诵《我是小学生》、手牵手"我是小学生"，家长祝福《祝福你，小学生》。

（三）课程篇

具体内容包括：学校从热爱祖国、喜爱学校、文明平安、习惯养成等方面为一年级新同学设置并实施新生课程。

（四）家庭篇

具体内容包括：新生家庭配合学校开展新生课程，及时记录评价孩子在家的行为表现，关注孩子在入学一个月时间内的成长与变化，保持和班主任及科任老师积极的沟通；亲子合作，绘制《我是小学生》主题画作。

四、课程实施

本课程适用于一年级新生，课程实施时间为新生入学的9月，为期一个月。课程实施包含四个模块——新生课程、入学仪式、日常学习和家庭教育。其中，新生课程教学实施时间为新同学正式入学后的第一周。新生课程从德育、智育、体育、美育、劳动教育等五个方面着手，帮助儿童了解学校、了解小学生活、带着强烈的好奇心和向往感初步适应小学生活。

夸美纽斯认为，一切知识都是从感官的感知开始的。[①]根据一年级新生的生理及心理特点，本课程在实施过程中应遵循直观性原则。在"新生课程"的教学中，教师应充分利用直观教学手段，调动儿童的多种感官，使儿童在学习过程中获得生动的表象及丰富的间接经验，延展儿童的感性认识。另外应遵循启发性原则。教学过程中，教师应尊重儿童的主体地位，让孩子们站在课堂的"中央"。教师可以运用丰富多样的教学手段，调动儿童学习的积极性，激发儿童主动参与的热情。为更好地完成课程目标，建议学校、班级和家庭三个层面统一协调，通力合作，将课程内容落到实处。课程实施过程如下。

（一）仪式篇

1. 大手拉小手：一年级新生在六年级老生的牵领下入场，大手拉小手，

---

① 夸美纽斯.《大教学论》[M].北京：教育科学出版社，2013：141.

缔结纯真友谊。五年级学生手持小红旗营造欢迎拱门。

2. 歌声迎新生：二至四年级同学合唱校歌，欢迎新同学。

3. 效古知礼仪：（1）"正衣冠"；（2）"拜师礼"；（3）"朱砂启智"；（4）"开笔写'人'"；（5）"诵读经典"；（6）"幸福告诉你"。

（二）活动篇

1. "请你跟我来"。学校给每位新同学发放一张学校地图，由各班班主任按照指定路线依次带孩子们参观、了解，熟悉校园环境。入学礼当日，新生戴"小天鹅"头饰，作为小导游，向爸爸妈妈介绍我们的新学校。

2. 第一次班会活动《我是小学生》：（1）视频快闪《告别幼儿园，我是小学生》；（2）诗歌朗诵《我是小学生》；（3）同桌交流：我是小学生了，我想……（4）家长祝福：家长拿出提前写好的信，念给孩子听，祝福孩子正式成为一名小学生。（5）班主任寄语。

（三）课程篇（见表4-1）

表4-1　入学礼课程实施内容项目表

课程主题	课程内容	课时数
《我是中国人》	认识国旗、国徽，学唱国歌。了解首都北京。	2
《小天鹅从这里起飞》	熟悉校园环境，了解学校，学唱校歌。	3
《请你和我交朋友》	熟悉班级的老师和同学，自我介绍，交朋友。	2
《队列队形我能行》	学习基本的队列队形。学习路队行走。	5
《文明如厕净你我》	学习文明如厕，学习"七步洗手法"。	1
《安全游戏真快乐》	学习跳房子、扔沙包、挑小棍等游戏。	2
《科学护眼"窗户"明》	学做眼保健操。	2
《日常规范我学习》	学习《小学生日常行为规范》。	3

（四）家庭篇

1. 家长在家庭中营造平和、轻松的氛围，让孩子对小学生活充满期待。

2. 家长发现孩子在生活习惯、学习习惯、文明礼仪等方面的进步，并及时记录在《小天鹅入学纪念册》中。

3. 入学礼当日，家长给孩子拍一张照片留念，贴在《小天鹅入学纪念册》上。9月的每个周末，孩子独立或和家长共同完成主题绘画作品《我是小学生》，作品形式可以是单幅图，也可以是连环画。

五、课程评价

本课程的过程性评价以《小天鹅入学纪念册》的方式呈现，纪念册分为四个篇章，即仪式篇、活动篇、课程篇和家庭篇。《小天鹅入学纪念册》旨在记录孩子适应小学生活的点点滴滴，为孩子入学课程的体验留下成长的印记。（见表4-2、表4-3、表4-4、表4-5）

表4-2　入学课程仪式篇评价表

仪　式　篇			
评　价　指　标	自评 ★★★	他评 ★★★	教师评价 ★★★
遵守纪律，认真倾听。			
积极投入，乐于参与。			
大声诵读，乐于表达。			
站如青松，仪态庄重。			

表4-3　入学课程活动篇评价表

活　动　篇			
评　价　指　标	自评 ★★★	师评 ★★★	家长评价 ★★★
认真准备，态度积极。			
乐于参与，乐于表达。			
遵守纪律，文明礼貌。			
分享喜悦，懂得感恩。			

表4-4　入学课程课程篇评价表

课　程　篇			
评　价　指　标	自评 ★★★	他评 ★★★	教师评价 ★★★
尊敬国旗，会唱国歌。			
尊重父母，主动家务。			
尊敬老师，团结同学。			

（续表）

课　程　篇			
评　价　指　标	自评 ★★★	他评 ★★★	教师评价 ★★★
认真听讲，积极发言。			
文明游戏，注意安全。			
诚实守信，知错就改。			
遵守时间，爱惜粮食。			
锻炼身体，认真做操。			
集体活动，遵守秩序。			
衣着整洁，讲究卫生。			

表4-5　入学课程家庭篇评价表

家　庭　篇			
评　价　指　标	自评 ★★★	师评 ★★★	家长评价 ★★★
说说我的新老师。			
说说我的好朋友。			
说说我的小进步。			
说说我的新本领。			
说说学校的新鲜事。			
小天鹅绘新周记			

（撰稿者：黄芸）

第二节

小天鹅入队礼

《关于构建阶梯式成长激励体系增强少先队员光荣感的指导意见》指出："少先队是党创立和领导并委托共青团直接领导的中国少年儿童群团组织，是少年儿童学习中国特色社会主义和共产主义的学校，是建设社会主义和共产主义的预备队。"

中国少年先锋队于1949年10月13日正式成立，之前是中国少年儿童队，儿童建立的组织持续了近100年。红领巾是少先队的标志，围绕它发生了很多动人的故事。新时期的少年儿童应爱护红领巾，传承红色精神，在党的带领下树立崇高理想，为之不懈奋斗，努力为中华民族的伟大复兴做出贡献。

一、课程价值

一年级的孩子刚入校，科学文化知识积累不多，对勤奋学习的意义理解得不够透彻，通过入队教育让孩子树立自己努力的目标，找准方向。少先队组织的建立能让他们感受革命精神，热爱祖国、热爱人民，在少先队中自己教育自己，自己管理自己，争做新时代的好少年。

适龄儿童最终实现"全童入队"是少先队发挥作用的要求，分批加入中国少年先锋队的意义有以下几点。

1. 习近平总书记表示要努力培养担当民族复兴大任的时代新人，培养各方面全面发展的社会主义建设者。一年级的新队员分批入队能让队员们引以为豪，更加完整地构建少先队员螺旋式的鼓励成长体系，加快建设少先队的体制机制。

2. 在组建少先队的同时，少年儿童培养了自身的组织工作能力。持续开展丰富多彩的中小队活动，坚持"诚实、勇敢、活泼、团结"的少先队优秀作风，逐步完善少先队的日常工作，能够提高少先队组织的凝聚力。

3. 少先队在少年儿童的成长过程中有重要的、不可替代的作用，能够充分发挥在立德树人中的特殊作用，培养少年儿童的政治情感和共产主义优良品德，教育少先队员要牢记自身使命，坚持听党话、跟党走，从小学先锋、长大做先锋，真正实现德智体美劳全面发展，把他们培养成为有理想、有道德、有文化、有纪律的共产主义事业接班人。

本课程的理念是：运用多种激励方式，探索设计形式多样、阶段上升的阶梯式成长激励体系，递进开展分批入队，充分发挥少先队的先锋带头作用，让儿童真正成为"至真、至纯、至善、至美"的小天鹅。

二、课程目标

1. 了解中国少年先锋队的艰辛历程，掌握"六知、六会、一做"的基本标准，理解少先队的作风，学会敬队礼、唱队歌、系红领巾。

2. 经历形式新颖、阶段上升的多方面选拔和教育，学习红色精神，感受少先队的先锋引领作用，增强自主管理能力。

3. 培养少年儿童朴素政治情感和共产主义道德，增强入队荣誉感和认同感，以革命先烈为榜样，树立崇高理想。

三、课程内容

本课程旨在增强少先队员个人荣誉感，发扬少年先锋队的积极带头作用，综合考察新队员的多方面能力，使儿童成为"至真、至纯、至善、至美"的"小天鹅"。一年级新队员入队的课程可以分为四个模块。

模块一：10月一次年2月，开展队前教育

具体内容：通过制作课件、视频、动画等多种形式，进行中国少年先锋队队史教育，了解红领巾的故事，讲述共产儿童团里的小英雄故事（王二小、张锦辉等）。介绍少先队的相关知识，初步了解具体的入队标准和规范的入队程序，展现丰富多彩的队内活动。

模块二：3月，宣扬分批入队的先锋精神

具体内容：给儿童播放继承弘扬少先队优良传统的视频，讲述革命先烈的英勇事迹，调动儿童入队积极性。举行少先队相关知识竞答，每周进行"少先队先锋日"活动，当天选出表现优秀的儿童成为"入队积极小榜样"，发挥带头作用。

模块三：4月—5月，掌握少先队的基础知识和行为实操

具体内容：熟悉少先队的名称、队的创立者和领导者、队旗的含义、队徽的含义、少先队员的标志、少先队的作风、队礼的含义、队歌的名称，正确认识党旗和团旗图案，能正确识别队徽图案，能够佩戴红领巾，能够背诵呼号内容、呼号动作必须正确，会唱完整的队歌，会背少先队誓词、宣誓的动作正确。

模块四：6月—6月30日，综合考察

具体内容：考察"六知、六会、一做"，说出自己入队前做的一件好事，参加实际操作时的遵规守纪情况。

四、课程实施

本课程适用于一年级，课程在每年的10月开始，第二年的6月30日结束。建议以班级为单位展开活动，每班可合理分组，共计六周时间。各班可通过学习共同体，通过整理信息、互相问答、抢答游戏等方式巩固入队知识，鼓励儿童努力成为一名合格的少先队员。具体实施方法如下。

1. 10月至次年2月，制作队前教育课件，少先队干部进班级宣讲。介绍少先队基础知识，穿插少先队英雄人物的感人事迹，在班级进行2课时的宣讲。

2. 3月至5月中旬，分步介绍少先队，制作队史回顾、红领巾的意义、向英雄致敬、少先队基本知识、少先队员行为实操等视频，间隔一段时间在班级播放，激起学生加入少先队的热情。

3. 5月中下旬，召开一年级全体班主任会议，征集大家的具体意见、共同讨论并进行修改。召开全校党政工团队、班主任代表、家长代表、学生代表联席会议，讨论发言，举手表决，通过试行草案。各班级提交班级方案，校少先队工作领导小组审核，通过后在班级开展推荐工作，上报50%拟推入队名单。开展校级评选，最终产生各班级30%首批入队队员名单并公示。

4. 6月，掌握"六知、六会、一做"，小组成员互相考察，班级推选出50%的学生参加校级考评。校内再进行基础知识竞赛、行为实操考核。

5. 集中一天时间统一举行入队仪式，仪式要庄重、规范、形式丰富，发动家长来参加仪式。具体程序有：在场的师生都需要立正，仪式主持人宣布开始；优秀少先队员出示少先队的队旗（播放出旗配乐，全体一年级新队员敬少先队的队礼）；唱队歌；大队委员会的代表正式宣布成立一年级少先队组织的工作要求；大队委员会的代表公布一年级新队员的具体入队名单；为新队员授红领巾；一年级新队员进行庄重的入队宣誓（大队辅导员来领誓）；为新建的一年级中队授予中队旗；仪式上为一年级各班新建中队聘请优秀辅导员；党、团组织的代表和辅导员发表讲话；呼号；退少先队队旗（播放退旗配乐，一年级新队员敬少先队的队礼）；仪式结束。

五、课程评价

本课程重视过程性评价，凸显儿童的活动体验，以自评结合他评为主。具体评价分为以下几个部分。

1. 自评主要在《入队手册》中完成，每个板块后有五颗星星让儿童进行自我评价。《入队手册》系统性地向儿童介绍了少先队"六知、六会、一做"等基础知识，用图片结合文字的方式生动形象地让儿童感受到少先队的先锋精神。（见表4-6）

表4-6 《入队手册》自评表

章节内容	自 评 标 准
第一章 正确佩戴红领巾	佩戴顺序正确，动作熟练，完成后整齐美观。 ☆☆☆☆☆
第二章 呼号	熟练背诵呼号内容，呼号动作正确，声音洪亮。 ☆☆☆☆☆
第三章 队歌	会唱完整队歌，声音洪亮，两段歌词完整熟练，歌唱过程自然大方。 ☆☆☆☆☆
第四章 宣誓	正确背诵誓词，宣誓动作正确，声音洪亮。 ☆☆☆☆☆
第五章 一件好事	说出自己入队前做的一件好事，过程完整，力所能及，事小有意义。 ☆☆☆☆☆

2. 自评过程中，还可以让儿童将自己感受的少先队精神用作品表达出来，参加"我爱少先队"的主题绘画活动。参加相同主题的阅读交流会，把生活中看过的少先队书籍推荐给大家，也可以分享少先队小英雄们的感人事迹。

3. 他评可以分为家长评价、班级考察、校级考评。家长可在《入队手册》中书写指导意见。班级以平时课堂表现、活动参与度、日常行为规范、德智体美劳综合发展等为标准，在班级推选出人数的50%参加学校入队的统一考核。校级考评选出各班级30%的儿童，评选内容为少先队知识"六知、六会、一做"。

（撰稿者：王倩雯）

第三节

小天鹅成长礼

《中共中央国务院关于深化教育教学改革全面提高义务教育质量的意见》（2019年6月23日）指出："完善德育工作体系，认真制定德育工作实施方案，深化课程育人、文化育人、活动育人、实践育人、管理育人、协同育人。"

仪式教育是新时期德育活动发展的需要。在德育活动中，注重仪式感的营造，可以提高学生素养，促进学生的精神成长。十岁成长礼是仪式教育的重要组成部分。

一、课程价值

孔子曰："不学礼，无以立。"十岁生日，生命的第一个十年，是儿童成长的里程碑。通过成长礼，与家长、老师和同学一起见证自己的成长，这对学生而言有着重要的价值和意义。在学校举行十岁成长礼的特殊意义在于以下几个方面。

1. 体验功能。仪式学习的本质是一种情境体验。与其他相对理性的教育形式相比，氛围对人的影响既有视听性，又有情境性，是通过多种渠道进入人的内心世界的。"小天鹅成长礼"营造了良好的氛围，在仪式的过程中引领学生获得思想上的共鸣和共情，最终的目标和学校小天鹅文化"至真、至纯、至善、至美"的培养目标是一致的。

2. 传承功能。"小天鹅成长礼"作为一项校级活动，一年又一年，一届又一届地举行，对学校文化有着重要的传承作用。

3. 凝聚功能。仪式把同类人聚集在一起，共性使然，他们更容易创造凝聚力。而集体教育是最需要有强大的凝聚力和向心力的，"小天鹅成长礼"能让学生自然而然地生成一种强大的集体荣誉感，增进同学间兄弟姐妹般的亲密感情。

二、课程目标

1. 通过参加成长礼的一系列活动，让学生明知识、懂礼仪，成为真纯善美的"小天鹅"。

2. 通过对成长任务的参与，让学生学会总结成长得失，体验亲情无价。做一个负责任、敢担当、懂感恩的新时代好少年。

3. 营造特殊教育氛围，让学生感受成长的快乐，激发学生对成长的期待和美好生活的热爱。

三、课程内容

根据学生的实际情况，结合学校培养"真纯善美小天鹅"的育人目标，学校设计了一系列既注重连续性又注重阶段性的仪式教育活动。在学生十周岁这个阶段，我们设计了"小天鹅成长礼"。这是继"小天鹅入学礼"和入队礼之后又一大重要仪式学习活动。在属于他们特有的时间节点上，收获属于他们特有的成长回忆，让他们对成长充满期待。

成长礼是学生的成长礼，所以无论是活动的筹备、活动的实施还是活动的评价，我们都倡导由学生全程参与。而参与的过程，就是成长的过程。

儿童的成长具有连续性。只有站在时间的纵轴线上设计课程内容，才是最能体现学生成长的有效课程。鉴于此，"小天鹅成长礼"按内容分为三大模块。

模块一：我的成长我总结

成长是一种自我反思，自我觉醒。对自己的成长进行总结，就是成长的一部分。这个模块给学生安排了两项任务：制作成长纪念册和制作"成长礼仪知多少"手抄报/电子小报。

模块二：我的成长我见证

在进行仪式教育的过程中，我们不仅要面对整体，还要关注个体；既要有学校的统一部署，又要有鲜明的班级特色；我们不但要重视学校活动的开展，更要重视家庭的参与。本模块的具体内容又分为三大篇章。

1. 家庭篇

每一个人的生日都是母亲的受难日，每一个人的成长都倾注了整个家庭，尤其是父母的全部心血。那我们该怎么回报父母呢？本篇要求学生在家里完成以下任务：我为父母颁个奖、我为父母做件事、我和父母合个影。

2. 班级篇

班级是学校教育功能发挥的主阵地。"小天鹅成长礼"的实施同样也要依托班级的平台。成长礼上每一个学生都是主角，活动内容的策划要本着面向全体的原则，不提倡突出个人，让每一个学生在成长礼中都得到最大程度的展示。本篇具体内容包括：家长视频送祝福、老师发言送真情、学生表演展才华、学生发言话成长和蛋糕分享表感恩。

3. 学校篇

作为学校课程体系的一部分，"小天鹅成长礼"有全校统一的仪式。全校的仪式也是整个"小天鹅成长礼"的核心和高潮部分。本篇具体内容包括：跨成长门、行成长礼、话成长情、诵成长词、明成长理。

模块三：我的成长我做主

如果说模块一主要立足于让学生对自己的成长经历进行一个总结，模块二是通过隆重的仪式让学生感知、见证自己的成长的话，那么模块三就是启发引导学生展望未来，放飞梦想。该模块要求学生设计一份成长规划书。

四、课程实施

本课程适用于四年级全体学生，以学生十岁生日作为时间点，用一个学期的时间（四年级下学期）完成全部课程内容。每个模块的详细实施过程如下。

模块一：我的成长我总结（3月）

1. 制作成长纪念册

成长是一种独特的生命体验，学生自己动手制作成长纪念册的过程，其实就是他回忆成长经历，梳理成长得失的过程。通过成长纪念册的制作，能客观而直观地体现学生在生命前十年的成长和进步。

要求学生自行收集自己成长各个阶段的照片、文字等素材，以时间为轴线，体现自己在身体发育、学习情况、才艺发展等方面的成长变化，用图文并茂的形式亲手制作成长纪念册。

2. 制作"成长礼仪知多少"手抄报/电子小报

欲行礼，先知礼。仪式教育活动必须先知道仪式常识，遵循知、情、意、行的道德发展规律。四年级学生已经初步具备了收集资料的能力，鼓励学生在家长的指导下利用多种渠道了解成长礼的历史和发展、基本的礼仪常识，最后用手抄报/电子小报的形式呈现自己的学习成果。

模块二：我的成长我见证之家庭篇（4月）

1. 家庭篇

① 我为父母颁个奖

十年来，父母为孩子的成长殚精竭虑，无私付出，却鲜有收获来自孩子的肯定和赞美。在这个特殊的日子里，要求学生回忆成长过程中父母为自己做的点点滴滴，精心设计一份奖状，举行一个简单而庄重的颁奖仪式，给父母颁发荣誉称号。

② 我为父母做件事

父母对我们任劳任怨，但我们不能把它当成理所当然。十岁，有了更多的责任。要求学生为父母做一件力所能及的事情，并在以后的生活中坚持下去，为父母分担家庭责任。

③ 我和父母合个影

孩子都是父母镜头中的主角，父母总忙着给孩子拍照，往往却忽略了记录和孩子在一起的美好。要求学生每年生日和父母合个影，感受自己的成长和父母的变化。珍惜时光，孝敬父母。

2. 班级篇

亲爱的 _____

　　咿呀学语，垂髫小儿，竹马纸鸢，书声琅琅……仿佛还是昨天，我们却已悄然长大。满怀对未来的憧憬，我们即将迎来属于自己的十岁成长礼。我们诚挚地邀请您参加典礼，见证我们人生中重要的时刻，给予我们自信启航的力量，衷心期待您的到来！

　　　　　　　　　　　　　　　　西园新村小学北校××班全体同学

① 筹备阶段（5月前三周）

主持人培训和礼仪队培训，征集学生或家长志愿者在活动当天拍照。主持稿的撰写；在家长中征集孩子的成长故事，班主任依据材料撰稿《孩子，你就这样长大了》；活动邀请函的撰写。

视频素材制作：在家长中征集孩子的成长照片，制作成电子相册。每位家长录制一句对孩子的成长祝福，素材收集完毕后制作成一个视频。

② 实施流程（5月最后一周）

在祝福中感受成长的快乐，收获成长的动力。在大屏幕上播放前期录制并剪辑好的祝福视频，既创设了氛围，又在活动伊始迅速拉近了亲子的距离，为后面活动的开展奠定了情感的基调。

大屏幕播放前期制作好的孩子成长视频，老师深情讲述孩子的成长故事《孩子，你就这样长大了》。老师撰稿时要注意整合家长提供的素材，关注素材的共同点，提炼出孩子成长中的共性，这样孩子在听讲时才会觉得老师讲的每一个故事，也许主角不是自己，但是又像在讲自己的故事。让孩子产生共情和共鸣才有利于发挥仪式教育的教育功能。

"小天鹅成长礼"面向全体学生，要充分重视学生在活动中的参与度，让每一个学生都成为活动的主体。这个环节要求提前了解学生的才艺，把才艺相同的孩子进行组合，编排节目，以小组的形式进行才艺展示。

学生代表发言，讲述自己对成长的感受和理解。可以是一个代表发言，也可以是多人代表发言。形式可以灵活多样，演讲和表演均可。

蛋糕礼仪队在音乐中缓缓推出蛋糕，一人领唱生日歌，众人唱响生日歌。生日许愿，珍藏愿望。班主任带领学生切蛋糕。孩子给父母喂吃蛋糕表达感恩。

3. 学校篇

跨过十岁成长门，意味着十岁真正的到来，意味着学生即将告别幼稚的童年，开始进入智慧的少年时代。

父母带领孩子跨过成长门，在签名墙上签名并留影。签名和拍照都是为了强化"小天鹅成长礼"作为一种仪式教育所该具备的仪式感。同时，让孩子体会到自己的生日得到了极大的重视，从而对后面的活动环节有更多的期待。

"礼义之始，在于正容体、齐颜色、顺辞令。"行礼前先正衣冠。主持人发指令，学生一起正冠帽，捋腰带，平服饰，然后由主持人或者是学校领导主持行礼。

主持人发指令：全体肃立——双手执简——展简

播放音乐，主持人吟诵：行礼！

"小天鹅成长礼"作为一项具有传承意义的校级活动，学长的祝福有效地凸显了学校文化代代相传。一份小小的祝福，既是学生集体的接续和友谊的连接，也是学校文化的传承。

学生代表发言，谈自己参加"小天鹅成长礼"活动的收获，揭示成长的真谛。

模块三：我的成长我做主（6月第二、三周）

要求学生从自我分析、成长目标、具体措施等方面制定自己的成长规划书。鼓励学生用图文并茂、富有童趣的形式来设计。

五、课程评价

仪式学习是学校德育工作的重要载体，它强调学生在情感体验中实现知识内化、情感共鸣。德育过程就是培养学生知情意行的过程，基于此，本课程从认知、情感、意志、行为四个方面进行评价。（见表4-7）

表4-7 "小天鹅成长礼"课程评价表

评价 角度	评 价 内 容	自评	互评	师评	家长评
认知	知晓活动意义	☆☆☆	☆☆☆	☆☆☆	☆☆☆
	了解成长礼相关知识	☆☆☆	☆☆☆	☆☆☆	☆☆☆
	懂得总结成长得失	☆☆☆	☆☆☆	☆☆☆	☆☆☆
情感	仪式过程保持庄重感和认真感	☆☆☆	☆☆☆	☆☆☆	☆☆☆
	对成长满怀期待，对生活充满热爱	☆☆☆	☆☆☆	☆☆☆	☆☆☆
	感恩生命，感恩父母师长	☆☆☆	☆☆☆	☆☆☆	☆☆☆
意志	主动积极完成成长任务	☆☆☆	☆☆☆	☆☆☆	☆☆☆
	排练节目具有团队协作精神	☆☆☆	☆☆☆	☆☆☆	☆☆☆
	完成成长任务遇到困难时能自觉克服	☆☆☆	☆☆☆	☆☆☆	☆☆☆

评价角度	评 价 内 容	自评	互评	师评	家长评
行为	自觉承担成长礼的服务工作	☆ ☆ ☆	☆ ☆ ☆	☆ ☆ ☆	☆ ☆ ☆
	把感恩外化为行为，予以回报	☆ ☆ ☆	☆ ☆ ☆	☆ ☆ ☆	☆ ☆ ☆
	有责任，有担当，争当自强自立好少年	☆ ☆ ☆	☆ ☆ ☆	☆ ☆ ☆	☆ ☆ ☆

此外，根据本课程分配给学生的任务，通过优秀作品展示的形式进行评价。（见表4-8）

表4-8 "小天鹅成长礼"优秀作品评价表

课程任务	评 价 内 容	评 价
我为父母颁个奖	称号是否贴切有创意，设计是否精美	☆ ☆ ☆ ☆ ☆
我为父母做件事	是否认真用心并能持之以恒	☆ ☆ ☆ ☆ ☆
我和父母合个影	是否体现亲情	☆ ☆ ☆ ☆ ☆
我的成长纪念册	是否能体现成长，设计是否精美	☆ ☆ ☆ ☆ ☆
我的成长规划书		☆ ☆ ☆ ☆ ☆

（撰稿者：岑雄鹰）

第四节

"天鹅展翅　扬帆起航"毕业礼

习近平总书记在全国教育大会上指出："要在加强品德修养上下功夫，教育引导学生培育和践行社会主义核心价值观，踏踏实实修好品德，成为有大爱大德大情怀的人。……要在培养奋斗精神上下功夫，教育引导学生树立高远志向，历练敢于担当、不懈奋斗的精神，具有勇于奋斗的精神状态、乐观向上的人生态度，做到刚健有为、自强不息。"

一、课程价值

西园新村小学北校秉承"至真、至纯、至善、至美"的校训，以"真纯善美"为育人之不懈追求，以体现"至真、至纯、至善、至美"的天鹅精神为校园核心价值观。中华五千年优秀传统文化需要一代又一代华夏子孙传承与发扬。为此学校潜心开发了"天鹅展翅，扬帆起航"的毕业礼课程。其意义有四。

其一，毕业礼是对孩子的尊重和关爱：未来是属于孩子们的，一场隆重而有意义的毕业礼，是对孩子的尊重和关爱，能够唤起孩子对小学生活的重视，能够让孩子产生由衷的自豪感。

其二，毕业礼是令人终生难忘的：小学生活是一个人求学成长过程中最长的一个阶段，会拥有很多个第一次，也正因为第一次而令人终生难忘。而这个毕业礼必将铭刻在孩子们的记忆深处，永不磨灭。

其三，毕业礼构建了完整的小学：没有毕业礼就不是完整的小学生涯。六年的时间，使一个天真稚嫩的孩童成长为一名腹有才华的翩翩少年；六年的时间，师生、生生充满了深厚的感情，虽然小学生活结束了，但这情感会升华沉淀，会永远美好。

其四，毕业礼是人生的又一个起点：虽然六年的求学生涯即将结束，但对孩子来说却具有十分重要的意义。因为这一阶段的结束预示着一个新的起点，承上启下，既为小学生活画上一个圆满的句号，又为初中生活打开美好的篇章。学会感恩，肩负责任，树立理想，拼搏奋斗。

六年的美好学习时光是一个人未来成长的动力源泉，隆重而有意义的毕业礼能够激发毕业班同学对学校生活、学习的怀念，使同学们再次重温母校与老师的关心与爱护，学会感恩，增强学生的光荣感、自豪感和使命感，爱校爱国，发愤图强，振翅起飞，西园的小天鹅定会成为祖国的栋梁之材。

二、课程目标

1. 通过本课程，毕业生能够重温六年美好时光，从而发自内心地感谢老师们六年的辛勤培育，感谢同学间的团结互助，更感谢母校的悉心培养。

2. 通过本课程，毕业生聆听祝福与期待，将一直秉承"至真、至纯、至善、至美"的天鹅品质和精神，勇敢面对生活中的各种挑战和挫折，健康快乐地生活、学习。

3. 通过本课程，毕业生再次熟悉母校、校歌、校旗，将母校永远记在心中，能够铭记西小校训，弘扬母校精神，将努力朝着自己的梦想追逐。

三、课程内容

本课程将大的社会环境和小的学校环境相结合，主题命名为"天鹅展翅 扬帆起航"，一共分为五个模块。

模块一：难忘的小学生活

无论是在学校还是家里，回想六年的学习与生活，往事历历在目，学校制作的微视频更好地展现了小学生活的快乐与充实，学生充满着对小学生活的不舍与留恋。回忆昨天是无限美好的，美好的昨天可以激发人的内动力，治愈人的一生。

学生制作成长纪念册，表现自己独特的个性和创意：收集、筛选成长资料，选取最具代表性的资料，可以是照片，可以是作品，可以是证书、奖牌等；根据需要在老师的帮助指导下给资料分类，可以采用"编年体"式，也可以采用"栏目"式，最后在家长的帮助指导下编排成长纪念册。

模块二：深厚的师生情谊

校长与老师的祝福、寄语表达了对每一个学生最诚挚最深厚的爱与责任，每一个西小的学子都能成为飞翔的小天鹅。临别赠言不是悲伤难过，而是寄托着每一个为人师者都期许学生拥有最美好的明天，哪怕路有坎坷，也要披荆斩棘，乘风破浪，展翅高飞。

学生的毕业赠言无不表达了对学校、老师和同学的感念。师生情深何忍别，字字珠玑蕴真情。

模块三：感恩的一举一动

学生尽情地在班级自主策划的毕业联欢会上施展才艺，用自己的一举一动表达对学校、老师的感谢、感恩。懂得感恩才无愧于父母、老师的谆谆教诲。师恩似海，感谢师恩！每一位毕业生郑重其事的谢师礼预示着对今天的把握。把握今天既是对美好昨天的感谢，又是对灿烂明天的展望。他们会牢记为他们做出努力和奉献的每一个人，未来也会成一个努力奋斗、甘于奉献的人。

模块四：热爱的美丽母校

一个阶段崭新的开始是建立在一个阶段的完美结束之上的。母校的点点滴滴怎能忘记：眼里看到的是熟悉的一草一木，耳中响起的是亲切的校歌旋律，口中唱出的是活泼又有力的心声，手中划过的是充满惦念的校旗，这一切都将深深烙在每一个西小学子的身上。与美丽校园的合影承载着师生之间的深情厚谊，承载着同学之间的团结互助，承载着母校无微不至的关爱，照片承载着数也数不清的美好时光。

模块五：远大的理想目标

接过毕业证书的毕业生们难以抑制紧张又激动的心情，这是对六年小学时光的一份期许的承诺，一份满满的收获。一张张明媚的面孔上绽放出七色花一般灿烂的笑颜。今天我以西小为荣，明天西小定会为我骄傲！天鹅展翅翱翔天空，乘风破浪扬帆启航。

四、课程实施

本课程适用对象为六年级毕业生，实施条件需要根据具体方案布置场地，根据学生数和教师数准备好相关物品，做好现场管理，有效地完成本次课程。

（一）课程实施准备

1. 加强领导和工作协调。成立专门的毕业礼领导工作小组，由校长任组长，对典礼的程序和内容进行认真细致的安排，由分管德育的副校长和大队辅导员具体实施并协调好班主任，共同打造一场隆重而有意义的毕业礼。

2. 调节师生情绪。班主任要适时调节把控好毕业生的情绪，使他们一方面安心复习备考，一方面又能积极投入毕业礼的准备中。

3. 做好家校沟通。由班主任老师按照学校要求通知家长具体的细则，家长的积极配合是有效完成毕业礼的重要保障。班主任与家长沟通力求耐心、细心，充分取得家长的信任与支持。

（二）课程实施

第一阶段：课程组织启动（3月）

1. 成立由校长担任组长的课程领导工作小组，依据课程背景和目标制定课程实施的具体方案。

2. 课程领导工作小组召开毕业班班主任会议，公布方案，统筹安排。

班主任要明晰课程背景、目标及内容。班主任在互相协调的同时还要做好学生及家长的动员工作，使他们都能以积极饱满的热情投入课程准备中。

3. 召开六年级毕业班大会，动员学生积极投入这一课程中，珍重韶光，不负少年。

第二阶段：课程前期酝酿（4月）

1. 在老师和家长的指导帮助下，学生制作成长纪念册，电子、纸质均可。由班主任及家长提供毕业生六年来学习生活的素材，学校信息中心负责制作毕业礼需要的微视频。

2. 借助于班级自主开展的毕业联欢会，由德育部门负责选拔毕业礼主持人、发言学生代表、赠礼学生代表、节目表演学生。人员选定后，由班主任联系家长，积极支持学生圆满完成相关任务。

3. 校长、班主任自行准备发言稿，学生设计毕业赠言。

第三阶段：课程中期统筹（5月）

1. 班主任按课程要求训练队列、队礼、口号、谢师礼等，使每一个毕业生熟悉课程内容，并十分清楚自己的职责。

2. 领导小组选拔年轻的毕业班班主任负责排练节目，力求完美呈现。

3. 大队辅导员负责指导主持人及礼仪队员。

4. 有计划地做好物品准备：背景、舞台、音响、雨衣、鲜花、毕业证书、礼物、校旗、蛋糕、水果。学校德育处、总务处、教导处分工合作，协调完成。

第四阶段：课程后期呈现（6月）

课程后期以典礼呈现，具体内容包括："回首六年""心怀感恩""再见母校""扬帆起航"四个篇章。

第一个篇章：回首六年

1. 毕业班同学们饱含深情朗诵《毕业诗》：六年前，学子带着稚气来到西小，六年间，西小留下了他们求索的足迹。

2. 通过各个毕业班的微视频重温在西小的六年，有欢乐，有奋斗，有收获，有成长。

3. 校长饱含深情厚谊的发言，为全体毕业生送上诚挚的祝福，同时寄托美好的希冀。

第二个篇章：心怀感恩

1. 优秀毕业生代表发言，感谢老师六年来的辛勤培育，感谢同学间的团结互助，更感谢母校的精心培养。

2. 校长将代表学校接受毕业生代表向学校赠送的精心准备的礼物，礼物为学生自主创作的作品，代表了全体毕业生对母校无尽的祝福。

3. 毕业班的老师们走上舞台，由学校负责老师带领着同学们端端正正地行谢师礼。

4. 毕业生代表们表演节目并为恩师们献上美丽的鲜花。同时毕业班的班主任老师也纷纷为同学们送上毕业赠言。

5. 毕业生为门卫、保洁和保安献上鲜花，感谢他们六年来的细心关照。

第三个篇章：再见母校

1. 由校领导宣布毕业决定。

2. 校领导为各班级颁发红彤彤的毕业证书，各班中队长代表班级领取向往已久的毕业证书。

第四个篇章：扬帆起航

1. 毕业班两位主持人带领全体毕业生庄严宣誓：铭记西小校训，谨遵师长教诲，珍惜西小荣誉，弘扬西小精神。铿锵有力的宣誓印证着"不负少年"。

2. 毕业礼在校歌和孩子们手手相传的校旗中落下帷幕。

3. 各班级在其乐融融又难舍难分的情境中合影留念。

4. 各自回到班级，共同分享学校准备的蛋糕，师生话别。

注：提前一周彩排，发现不足，及时改善。

（三）课程总结提升（6月）

在课程结束后针对个人与集体分别进行评价，可依据评价结果不断完善课程，不断提升课程的品质。

1. 每个班依据毕业生在整个课程中的表现评选出六个最佳个人奖。

2. 由学校领导小组成员评选出优秀班级。

五、课程评价

为了检验课程的品质，更好地推进课程的实施，就必须设计合理有效的课程评价。课程评价从某种程度上来说就是一个价值观呈现与判断的过程，当然这一过程必须建立在课程内容实施发生的基础之上。不同的评价主体体现了不同的需要和观念，在万千不同中寻找契合点，促使课程不断完善，从而能够对课程本身的质量加以衡量，是否有效地实现了课程目标。课程评价对象既包括课程本身，也包括参与课程实施的教师、学生、学校，还包括课程活动的结果，即学生、教师和学校的发展。总之范围很广，可以结合课程的特点选择合适的评价对象。

为使评价的作用和效益最大化，本次课程根据评价对象的不同，将课程评价分为两个方面：其一为对学生个体进行评价，分为学生自评、学生互评、教师评价（主要是班主任评价）；其二为毕业礼领导工作小组对参加典礼的班级整体进行评价。开展多元评价体系，充分发挥各自的评价功能，是为了更好地促进课程的不断完善，以实现本课程的最大效益。（见表4-9）

表4-9 毕业礼课程学生个体评价表

评价项目	评价内容	自　评	互　评	师　评
参与态度	穿戴整洁，精神饱满			
	遵规守纪，积极响应			
	乐于表现，团结协作			
课程体验	熟悉母校，热爱母校			
	师生互动，生生互动			
	领取证书，心生自豪			
	铭记校训，谨遵教诲			
课程效果	回忆满满，怀念时光			
	充满敬畏，学会感恩			
	树立目标，奋发向上			
总　评				

　　表格中的自评、互评、师评分别以星级评价呈现，最高五星等级。总评要求学生个体以语言表达呈现，把自己在本课程中的体验与感受用最质朴的语言文字饱含真情地表达出来。

　　毕业礼领导工作小组对参加典礼的班级整体风貌表现进行评价，主要是以投票的方式选出若干最具人气班级、最具特色班级、最具深情班级（可根据毕业班级数自主选择决定）。

（撰稿者：郑琳）

第五章

校园节庆，是学校文化特色活动的载体，将学校的育人理念、文化内涵，借助举办特色节庆活动予以体现和传承。每年一届的"DIY淘宝节""课本剧嘉年华""智趣科技节""率性涂鸦节""科学影像节"……贯穿了儿童生活主线的学期节点，让孩子们自发主动地参与、组织、设计、评价，从而将学科知识活动化、整合化，形成特有的节庆生活。

节庆学习：
赋活动多元色彩

许多学校会定期开展若干校本化节庆活动，以丰富学生的生活体验、实践操作。西园新村小学北校在此基础上，将节庆活动变为课程，以儿童身心发展规律及认知规律为起点，提升学校课程与儿童内在成长的契合程度。让儿童成为组织者、设计者、评价者，通过变革学习方式，来尊重和帮助儿童成长。

西园新村小学北校在每年岁末举办隆重的"西小淘宝节"，布置卖场，设计海报，化身"商家店铺"，在反复议价、充分沟通中实现与人交际的能力养成。锻炼孩子们的设计、规划、协调、组织能力。"课本剧嘉年华"课程，让故事映照现实，再现精彩情景。课本剧的剧本加工、舞美设计、角色扮演、道具筹备、音乐伴奏、多轮彩排……都成为孩子学习的内容和挥洒的舞台。"科技节""涂鸦节""校园影像节"等系列课程，拓展学科课程的外延，丰富学科学习的资源，扎实学科知识的实践与应用，让学习方式不再局限于课堂问答、作业巩固，点亮课程的生命力为儿童获取知识的宝藏，赋活动多元色彩。

每一项节庆课程启动之初，孩子的参与即是评价的开始。每个当年承办的年级学生作为实施主体，用他们的理解、表达与作品向全校儿童做全方位的展示。其他年级的孩子作为欣赏者、评价者，全程参与其中，用儿童之间的交流、票选，表达自己最真实的评价。此间孩子们投入的神采，议论纷纷的话语，眼里的光芒与热情，就已经表现出学习的价值与意义。活动中的参与度，活动结束后的自我评价、同伴评价、教师及家长评价，能有效给予儿童正确的认知和影响。

学校的节庆课程，基于儿童身心发展规律与认知规律，以贯穿儿童生活主线的学期节点，将学科知识活动化、整合化，形成特有的节庆生活。让学生在其过程中，展现每一个个体的存在和价值，发现每一个儿童的闪光点。

（撰稿者：杨雪）

第一节

DIY 淘宝节

随着教育的不断变革，学习方式已由过去被动接受逐渐转变为在新的学校课程氛围中自主探索、主动探究，在具体的实践活动中获得经验的增长和知识的自我建构。在2018年全国教育大会上，习近平总书记指出："要在增强综合素质上下功夫，教育引导学生培养综合能力，培养创新思维。"同时教育部《中小学综合实践活动课程指导纲要》也指出："学生能从个体生活、社会生活及与大自然的接触中获得丰富的实践经验，形成并逐步提升对自然、社会和自我之内在联系的整体认识，具有价值体认、责任担当、问题解决、创意物化等方面的意识和能力。"学校在课程建设中，以多元活动为载体，在经验累积的基础上建构起知识框架，帮助学生获得适合自己的学习方式，并不断提升自我学习能力。

一、课程价值

西园新村小学北校"小天鹅"课程强调深度引导，侧重实践应用，让儿童在真实空间中学习、在虚拟情境中学习、在探索中学习、在实践操作中学习、在比赛中学习、在聆听中学习……因此"淘宝节"课程以深化"让少年儿童在实践中体验"的思想，以真实环境为依托，通过旧物循环利用，用以物易物的方式，推广循环经济、生态环保的思想。课程创设情境，让孩子们把家中闲置的旧物（包括各种书籍、玩具、文具等）和自己的手工作品等拿到交易市场与同学互相交换。让孩子们在体验角色（如售货员、顾客、导购员等）的同时，培养节约资源、爱护环境的意识和良好的行为习惯。

二、课程目标

"淘宝节"课程激励和促进儿童正确认识自我，形成健康的人生观和价值观，培养学生的思维能力、创新能力和实践能力。在满足儿童全面发展的基础上，实现个性化发展。（见表5-1）

表5-1 "淘宝节"课程目标

年 级	课 程 目 标
低年级	1. 在活动中，学会使用"你好""请""谢谢"等文明礼貌用语。 2. 能够积极推销，招揽客人。 3. 交易过程中，能够自愿、公平进行交易。 4. 在活动过程中，培养学生团队意识和互助精神。
中年级	1. 了解等价交换的原则，初步具备对折旧商品价值的估算能力。 2. 在活动中，掌握一些与不同人交际的技巧；在与人打交道的过程中，培养学生遇到挫折不沮丧的良好心理素质。 3. 在交易过程中，体验劳动的艰辛，学会尊重劳动，尊重别人。
高年级	1. 了解一定的营销、促销手段（如买一赠一等）。 2. 具备在销售过程中面对不同消费者进行讨价还价的应对技巧。 3. 具备一定动手能力，初步掌握旧物改造的劳动技能。 4. 在交易过程中培养学生发现问题、独立解决问题的能力。

三、课程内容

新课改"注重从实践、体验中获得新知识""重视在生活中认识社会"，其理念就是以学生的发展为本。"淘宝节"课程引领孩子们发现生活、理解生活、参与生活、体验生活，在与人交往中分析问题、解决问题，在过程体验中熟悉市场的经营模式，养成勤俭节约的好习惯和理财意识，为他们将来走向社会、适应社会、服务社会打好基础。

本课程分为六个模块，具体内容如下。

模块一：自由创意 征集节标

"淘宝节"课程以创设基于现实生活的真实情境为基础，将社会服务活动、设计制作活动相结合，以自主探究和创意物化的方式将各个学科知识融入实践活动中。在"淘宝节"课程开展之前，学校对全体学生公开征集当年"淘宝节"的节标，并对提交的作品进行评比。（见表5-2）

表5-2　淘宝节节标评选表

序号	作者姓名	作品名称	评分标准				得分	名次
			构思独特，体现淘宝节特点，有强烈的视觉冲击力（2分）	吉祥物以当年的生肖图案或图文组合方式均可，要求采用彩色稿（电子稿为佳），并附简要创作文字说明（4分）	节标识别性强，寓意深远，易于制作（2分）	原创作品（2分）		

备注：每届淘宝节节标征集比赛评出特等奖1名，一等奖5名，二等奖10名，三等奖若干名，颁发获奖证书。评为特等奖的作品将作为当年淘宝节节标。

模块二：动手动脑　准备物品

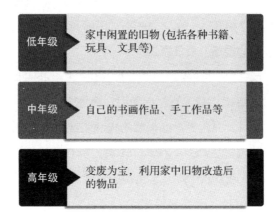

低年级　家中闲置的旧物（包括各种书籍、玩具、文具等）

中年级　自己的书画作品、手工作品等

高年级　变废为宝，利用家中旧物改造后的物品

模块三：各显神通　布置展台

1. 各班在摊位显著位置标明班级"淘宝小铺"的名称及标志。所有的交易商品均放在班级准备的展台上进行交易。

2. 各班可以根据本班级特色为淘宝店铺制作宣传海报或宣传语，摆放在醒目之处。此外各班级还可以采用各种方法（如气球门、真人玩偶、棉花糖机等）达到吸人眼球、留下顾客的目的。

3. 各班的摊位整体设计要新颖、美观、有特色，尽量不要雷同。注意交易商品要分门别类进行摆放，班级与班级之间保持一定距离。

模块四：团队分工　学会合作

在活动前，孩子们做好充分的准备工作，根据个人不同能力，承担不同职责。有些人是采购员，负责外出进行物品交换；有些人是营业员，坚守摊位，做好销售工作；有些人是导购员，专门负责"招呼客人"，让顾客在自家店铺停下脚步；还有些人是小小卫生监督员，专门负责班级店铺及周围的卫生清扫。营业员、导购员、卫生员等各项工作之间定时互换，让每个人充分体验各种角色，体验到团队合作的力量。

模块五：诚信交往　学会经营

诚信，作为中华民族几千年的传统美德，受到人们的推崇，并成为人们的行为规范和道德修养。然而随着生活水平的不断提高，诚信也陡然变得轻于鸿毛。在诚信危机日趋加深的今天，如何培养小学生的诚信意识、诚信素养，让孩子们远离社会失信现象的负面影响，"淘宝节"课程让每个孩子在与同伴的交易中，公平交易，等价交换，做到"童叟无欺"。通过活动，让孩子们体会到诚信的力量。此外，在课程的实施过程中，孩子们各司其职，积极主动向大家推荐介绍商品，在交易中更加懂得劳动创造财富。

模块六：爱心捐赠　责任意识

"淘宝节"课程是学校特色活动课程，也是每年的迎新活动之一，深受全体学生的喜爱。每年"淘宝节"活动后，根据全体师生的意向，学生们会将自己不需要的文具、书籍等物品捐献给福利院或贫困儿童。"淘宝节"课程不仅丰富了学生的校园生活，还在活动中潜移默化地渗透了育人理念，给学生以更广阔的天地，在实践中提升学生综合素养。

四、课程实施

本课程适用于一至六年级全体学生，每年12月的最后一周举行。由于每次活动主题不同，所以课时可以根据活动内容灵活安排，力求课程的丰富性和独特性相结合。具体实施方法如下。

第一阶段：课程准备阶段

1. 成立领导小组，制定活动方案

在每年"淘宝节"活动课程开始前，学校都会成立以校长为首的领导小组，制定本学年"淘宝节"课程的主题及活动方案。

"淘宝节"活动规则

（1）交易物品可以是自己已经不用或自己觉得用处不大的学习文具、玩具、生活用品、书籍、自己制作的变废为宝的手工艺品、书画作品等，体现环保、节约的理念。不能是新购买的物品。

（2）交易中所带的物品必须经过家长的同意，只限于以物易物，不允许带钱进行交换。

（3）活动中做到不推搡，不拥挤，文明交易。

（4）交换原则：双方协商，意见一致后方能交易，不允许强行交换，交易过程要公平、自愿。

（5）如果在交易中发生争执，到公证处进行公证和调解。

2.对外积极宣传，获得家长支持

（1）利用周一升旗仪式活动时间，向全校学生宣传"淘宝节"活动的目的和要求。

（2）班主任把本次活动的目的、形式、交易的范围通过"致家长的一封信"形式告知学生及家长，得到家长的支持和配合。

（3）在校园门口及校园内张贴大海报宣传此次活动。

第二阶段：课程实施阶段

活动课程的设计与开展，有效实现思维与技能的统合。学生亲身投入到展台的设计、物品的选择、信息的交流中，这是发现问题、解决问题的最好方法，更能激发学生解决问题的动力与兴趣。如有的同学在第一次参加课程活动时，把家里所有不用的旧物都带来，但交易的成功率不高。有的同学只带了一两样物品，却都交易成功。在第二次参加课程活动时，更多的同学就会思考"什么样的物品交易成功率比较高？如何让自己班级的'淘宝小铺'更醒目，更容易吸引人们的目光……"也许他们的做法也未必一定成功，但在此过程中，学生有所得、有所悟才是最重要的。

第三阶段：课程反思阶段

"淘宝节"课程是一门情境实践体验类课程。在活动中，由于主观感受不同，孩子们很容易产生正面体验和负面体验。交易成功，得到自己称心的物品，能让人产生愉悦感。而屡次交易失败，则容易让人产生挫折感，对自己失去信心。因此，在交流、反思、评价的环节中，教师要有意识引导孩子们理性地分析，将负面的体验转化为正面感受，让学生在体验中达到认知过程和情感体验过程的有机结合，最终产生正面的积极效应。

在尊重孩子主体的情况下，教师鼓励学生个性化表达自我收获，如以文章、绘画、演讲、手工作品等形式呈现。在评价环节中可以由教师、学生、同学、家长等共同参与评价，让学生在自我评价、相互评价中，逐步完善自己的认知，拓宽自己的视野，达到自我反思、自我改进的目的。

五、课程评价

根据《基础教育课程改革纲要（试行）》第六条"建立促进学生全面发展的体系，评价不仅要关注学生的学业成绩，而且要发现和发展学生多方面的潜能，了解学生发展中的需求，促进学生在原有水平上的发展"的评价要求，构建课程的评价体系。

根据"淘宝节"课程的性质特点，学校积极倡导过程性和综合性评价相结合的方式。过程性评价主要是根据学生参与活动的积极性、交易成交量、活动中文明礼仪程度等方面进行评价。通过自评、互评、师评等方式，给予每个学生客观公平的评价。学校设置"节标征集"活动评选个人奖，学校也将从"最佳环保奖""最佳美工奖""最佳组织奖"几方面对班级进行综合评奖。此外，各年级还将评选出年级"最佳销售员"。（见表5-3、表5-4）

表5-3 "淘宝节"节标征集活动评价表

序号	作者姓名	作品名称	评分标准				得分	名次
			构思独特，体现淘宝节特点，有强烈的视觉冲击力（2分）	吉祥物以当年的生肖图案或图文组合方式均可，要求采用彩色稿（电子稿为佳），并附简要创作文字说明（4分）	节标识别性强，寓意深远，易于制作（2分）	原创作品（2分）		

序号	作者姓名	作品名称	评 分 标 准			得分	名次
			构思独特，体现淘宝节特点，有强烈的视觉冲击力（2分）	吉祥物以当年的生肖图案或图文组合方式均可，要求采用彩色稿（电子稿为佳），并附简要创作文字说明（4分）	节标识别性强，寓意深远，易于制作（2分）	原创作品（2分）		

备注：每届淘宝节节标征集比赛评出特等奖1名，一等奖5名，二等奖10名，三等奖若干名，颁发获奖证书。评为特等奖的作品将作为当年淘宝节节标。

表5-4 "淘宝节"优秀展台评分表

班 级	"最佳环保奖"（"淘宝小铺"布置整洁实用，并充分二次利用材料，变"废"为"宝"）	"最佳美工奖"（"淘宝小铺"布置精美、创意独特，能充分体现班级特色）	"最佳组织奖"（"淘宝小铺"店员热情、有礼貌，组织有序、成交率高、整体气氛好）
一年级			
二年级			
三年级			
四年级			
五年级			
六年级			

评选说明：1.评委：全校非班主任教师；2.评委在活动过程中，根据各班级展台布置情况，每个年级评选"最佳环保奖""最佳美工奖""最佳组织奖"各一名，在表格相应年级后面写上班级名称，多写视为无效。3.评分结果后放入投票箱中。4.活动结束后，根据各班级得选的票数，选出每个年级的"最佳环保奖""最佳美工奖""最佳组织奖"班级。

附："年级"最佳销售员"评选方案

一、评选目的

通过评选活动，了解学生在活动中反映出的综合能力及素质，学生也可以充分地了解自己在活动过程中的长处和不足，从而增强学生的责任担当意识和创新能力。

二、评选原则

按照公开、公正、公平的原则进行选拔，有组织、有计划地实施。

三、评选小组

全校学生都是评委。年级段学生互为评委，即一、二年级互为评委；三、四年级互为评委；五、六年级互为评委。

四、评选名额

每个年级评出6名"最佳销售员"。

五、评选方式

1. 活动前全校所有学生都发有"最佳销售员"选票，每人6张。各年级选票颜色不同。

2. 活动期间内，评委学生可根据是否说文明礼貌用语、介绍商品是否口齿清晰、语言是否流畅有特色、神态是否落落大方等方面进行投票。

3. 评委学生可将选票交给自己认定的小销售员，每个小销售员只能给一张选票。小销售员们务必保管好自己收到的选票，在活动结束后进行统计。

4. 活动结束后，各年级统计出得票最多的6名学生，颁发"最佳销售员"证书。

（撰稿者：刘音　陈燕萍　薛禾丽）

课本剧嘉年华

　　《义务教育语文课程标准》指出："语文教师应高度重视课程资源的开发与利用，创造性地开展各类活动，增强学生在各种场合学语文、用语文的意识，通过多种途径提高学生的语文素养。"小学阶段，孩子在语文课上学习了很多课文，尤其是一些故事类的课文，例如有童话故事《咕咚》《慢性子裁缝和急性子顾客》《总也倒不了的老屋》等，有寓言故事《守株待兔》《陶罐和铁罐》《美丽的鹿角》等，还有历史故事、神话故事、名著小说节选……结合课文，开发课本剧课程，让孩子进行分角色朗读、表演、设计等，可以提升孩子们的语文学科素养。

一、课程价值

　　"语文课程应该是开放而富有创新活力的。要尽可能满足不同地区、不同学校、不同学生的需求，确立适应时代需要的课程目标，开发与之相适应的课程资源，形成相对稳定而又灵活的实施机制，不断地自我调节、更新发展。"部编版语文教材五年级下册第二单元的"口语交际"，是"我们都来演一演"，要求孩子分小组，开展一次课本剧表演活动。这为我们课本剧嘉年华课程提供了依据和思路。

　　西园新村小学北校是全国美育百强名校、合肥市素质教育示范校，非常重视学生的思想道德建设、综合能力培养、独特个性发展、身体心理健康。并且，学校地处合肥市蜀山区西园新村小区内，周围有安徽大学、安徽中医药大学、安徽医科大学等学校，有着浓浓的学术氛围。学校的孩子性格活泼，兴趣爱好广泛，表现欲望强。家长素质高，见多识广，经常与孩子一起进行各种活动，能够带领孩子观看儿童剧、话剧、舞剧等。在这样的环境下，孩子就不仅仅满足于普通的语文课程，课本剧作为一种课程资源的开发，在改编、表演课本剧的语文实践活动中，能激发孩子的学习兴趣，促使孩子手脑结合，主动参与，自主合作。既能增强孩子的口头表达能力，又能培养创造性思维能力。从而使孩子的情感得到体验，语文素养得到提升，正确的价值观得到树立，才华和能力得到施展。

二、课程目标

1. 初步了解并逐渐熟知剧本的格式以及相关的知识，学会将课文改编成课本剧的方法，提高孩子自主合作学习的能力。

2. 通过表演课本剧的实践活动，培养孩子良好的表演能力。引导孩子不断发现自己，完善自己，体验成功的快乐，发展孩子的个性和特长。

3. 增强孩子的合作意识，提高孩子感受美、欣赏美、表现美、创造美的能力。培养孩子高尚的道德情操和健康的审美情趣，形成正确的价值观和积极的人生态度。

三、课程内容

本课程是以课文内容为依托，选择适合的文章改编成课本剧，让孩子们通过语言、动作、神态的表演来塑造人物形象，展现课文内容，凸显课文主旨，让孩子更深刻地理解课文内涵。

本课程分为七个模块。

模块一：读剧本，了解相关知识

参与课本剧嘉年华课程的各班级语文老师通过网络搜索、挑选一些优秀课本剧的剧本，例如《公仪休拒收礼物》《陶罐和铁罐》等，作为孩子阅读的范本。通过孩子自主阅读和老师引导，初步了解并逐渐熟知剧本的格式和相关知识。

模块二：看视频，尝试模仿表演

请孩子观看优秀的课本剧或儿童剧视频，先完整观看，再分片段观看，让孩子对照该视频的剧本从模仿表演，到逐渐能够创造性地表演（可以临时分组）。

模块三：分小组，选择合适课文

老师把孩子分成若干小组，选出组长，孩子们一起从语文书中选择适合改编成课本剧的课文。小组间交流一下改编的初步想法。

模块四：巧合作，编写课本剧剧本

老师引导小组成员有效合作，将本小组选定的课文改编成课本剧的剧本，注意剧本的格式和要求，并反复斟酌、修改。

模块五：选角色，精心排练课本剧

各小组的孩子根据自己的性格特点和特长，选择自己喜欢的角色，先分角色声情并茂地朗读剧本，再精心排练课本剧。老师给予适当的指导。孩子们可以选用或制作一些简单的道具，也可以配上音乐或视频（PPT）。

模块六：齐上阵，班级汇报大比拼

五年级举办课本剧嘉年华汇报课程，在课程中，各班级每个小组表演已排练好的课本剧，全校孩子通过现场或视频直播的方式观摩课本剧，参与课本剧嘉年华汇报课程，经过全校孩子（除表演课本剧的演员）的票选，选出学校本年度"十大孩子最喜爱的课本剧"。

模块七：看展演，嘉年华上欢乐多

孩子们选出的本年度"十大孩子最喜爱的课本剧"，进行一次课本剧嘉年华展演课程，同步现场录像并刻录成光盘，参加展示的课本剧的剧本汇编成册。

四、课程实施

本课程适用对象为五年级孩子，每年4月组织一次。六年下来，每个班级都能参与此课程。

组织形式建议各班级先整体，再分组，5—8人一组。然后，班级汇报表演，选出学校本年度"十大孩子最喜爱的课本剧"。最后，在学校课本剧嘉年华中展示。

其实施原则是孩子先整体学习课本剧剧本，了解剧本的格式和相关知识。然后观看课本剧视频，分组练习模仿表演，逐渐能够独立地创造性地表演。再在小组内完成选文、改编、选角、排练、表演、展示等探究过程，体会表演的乐趣。建议在6周内完成教学。

教学工具和手段主要为部编版语文教材、改编课本剧、互联网、多媒体课件、影像资料等。建议老师采用启发引导、模仿体验、讨论定夺、改编创作、排练表演、展示汇报、全校展演的方式。

具体实施方法如下。

（一）启发引导（第1周）

在阅读课本剧剧本的环节，学生自主阅读，教师引导学生发现课本剧剧本格式的特殊之处，并进行总结归纳，为下面改编课本剧奠定基础。课本剧的格式如下：

1. 课本剧剧本的开头写清楚课本剧名、时间、地点、人物、道具、背景、正文。

2. 整个剧本以对话的形式展开。剧本中间用中括号的形式提示当时的情景，用括号的形式提示当时人物的动作、神态等。

（二）模仿体验（第2周）

先让孩子完整观看课本剧视频，了解故事情节，再分片段观看，引导孩子合理分组（对于分组，老师要引导孩子按照剧中角色进行分组，分组过程中注重合作意识的培养，为下面课程的开展奠定基础），按照该课本剧的剧本进行模仿表演，启发孩子注意人物的动作、神态、语言，从学得像，逐渐可以做到惟妙惟肖。

（三）讨论定夺（第3周）

引导各小组的孩子阅读课文，通过反复阅读、讨论，合理选择适合改编的课文。总结适宜改编的课文的特点：故事性强，情节跌宕起伏；人物不多，性格鲜明突出；表现力强，矛盾冲突尖锐；人物对话丰富。

（四）改编创作（第3周）

引导孩子回忆剧本格式，进行改编创作。

1. 确定剧本结构。（1）定场次：把主要事件发生地作为课本剧的场景，把次要事件推到幕后，使时空集中。（2）定脉络：整体考虑事情的开端、发展、高潮和结局在整个剧本各场次中应该如何布局。（3）定人物：根据剧本的情节和矛盾冲突，确定每场剧的出场人物和上下场情况。

2. 编写人物台词。（1）人物说的话，主要指人物之间的对话。台词应该在课文中人物对话的基础之上，进行必要的调整、修改和完善，表现人物性格特点、身份和情感，要口语化，通俗易懂，适合舞台表演。（2）人物的心理活动、幕后情节等，也可以通过人物台词自然表达出来。（3）旁白和独白。可以用旁白串连故事情节或点明含义，可以用独白作为人物的自我介绍或抒发人物情感。

3. 设计舞台说明。舞台说明又叫舞台提示，是剧本里的一些说明性语言。例如：剧情发生的时间、地点、人物、服装、道具、布景、人物的表情、动作、上下场等。语言要简明扼要，明确清晰。剧本中的中括号内主要交代舞台布景及人物活动情况；剧本中的括号内交代人物说话时的表情、动作等。

（五）排练表演（第4—5周）

老师引导孩子合理选择角色，安排好排练场所，遵守排练的规章制度，挖掘学生的不同特点，让他们承担不同的任务，培养孩子自我约束和精诚合作的精神，所有的孩子都能各尽所能，各显其能，各得其乐。根据演出需要准备舞台布景、道具、服装、音乐等。

各个角色根据剧本，深入挖掘人物内心世界，真实再现故事情节，突出人物个性，力求栩栩如生。

在不断排练、不断交流、不断改进的基础上，老师给予适当的指导，孩子要充分调动自己的感悟能力和表演能力，全身心投入到对角色的理解中去，发挥自己的创造能力，培养自己的创新精神。

（六）展示汇报（第6周）

各班级的每个小组精心排练两周时间后，五年级举行课本剧嘉年华汇报课程，每个小组的组长抽签决定汇报的顺序，各小组孩子展示汇报课本剧表演，在交流和分享中学习。全校各个班级（除表演课本剧的演员）通过现场观看和视频直播的方式观摩展演，并采用投票的方式评选出本年度学校"十大孩子最喜爱的课本剧"。

（七）全校展演（第6周）

孩子们选出的本年度学校"十大孩子最喜爱的课本剧"，进行一次展演活动，"课本剧嘉年华"课程完美落幕。

五、课程评价

本课程采用积星制评价、票选制评价。

（一）积星制评价

积星制评价关注学生在课程学习中的表现，如出勤情况、学习态度、分工合作、参与程度。积星制评价按照自评、互评、师评相结合的方式进行，满星为30颗星。

1. 出勤情况：孩子准时参与课本剧嘉年华课程，不迟到，不早退，自评、互评、师评各积一颗星，请假或迟到不得星。

2. 学习态度：孩子在课程中能够认真听课，认真完成每一次课程的学习目标，自评、互评、师评各积三颗星；较认真，自评、互评、师评各两颗星；一般，自评、互评、师评各一颗星；不认真或扰乱课程秩序的，不积星。

3. 分工合作：孩子在课程中能够合理分工，精诚合作，自评、互评、师评各积三颗星；较能够，自评、互评、师评各两颗星；一般，自评、互评、师评各一颗星；不能够分工合作的，不积星。

4. 参与程度：孩子在课程中积极参与，积极完成每一次课程的学习成果，自评、互评、师评各积三颗星；较积极，自评、互评、师评各两颗星；一般，自评、互评、师评各一颗星；不积极，不能完成每一次课程的学习成果的，不积星。

本表在每个模块活动进行时填写，互评部分由小组内成员交换评价，6个模块结束后每位同学有6张评价表，可以计算出活动中每位学生的总星数。（见表5-5）

表5-5 "课本剧嘉年华"课程过程性评价

评 价 指 标	自 评	互 评	师 评
出勤情况 ★★★			
学习态度 ★★★			
分工合作 ★★★			
参与程度 ★★★			

（二）票选制评价

票选制评价适用于学校"课本剧嘉年华"展演课程中，全校每个学生（除表演课本剧的演员）观摩参加展演的课本剧，并通过票选的方式选出学校本年度"十大学生最喜爱的课本剧"。（见表5-6）

表5-6 "十大学生最喜爱的课本剧"调查表

序号	课本剧名称	我喜欢的课本剧 （喜欢的打"√"）
1		
2		
3		

（撰稿者：时丹丹）

第三节

智趣科技节

素质教育的发展既要增长学生知识与见识，也要引导培养学生综合能力与创新思维，而创新思维的培养是需要在良好的创新教育环境中进行长期、潜移默化的影响，科技普及与科技创新类活动课程为学生的创新思维培养提供了沃土，在《中华人民共和国科学技术普及法》中指出："学校应当把科普作为素质教育的重要内容，组织学生开展多种形式的科普活动。"由此可见，学校长期开展形式多样的科技创新与科技普及活动，是培养学生创新思维，促进学生综合素质发展的途径之一。

一、课程价值

西园新村小学北校作为优秀青少年科技教育创新学校、素质教育示范校，构建了多维学习课程、多彩学科课程、多面生活课程、多元智能课程的课程理念，"至真、至纯、至善、至美"的育人目标，依据"全国青少年科技创新大赛"和"全国中小学电脑制作活动"两项活动的开展宗旨为导向，结合学校学生具体特点：见多识广、对科学学习的热情和兴趣普遍较高、计算机操作技术强，为了能够实现培养"求真知、求真理、求真诚、会思考"的"至真小天鹅"这一目标，开设科技节定期课程，将各学科知识进行有机结合，通过科技节课程为学生提供科技创新作品及科技知识普及作品的交流展示平台，在拓展知识的同时，锻炼和提高学生语文、美术、书写、信息等综合素质，促进学生的全面发展。

科技节课程开设宗旨在于激励学生勇于创新，乐于创新，提升学生实践能力和科技素质，培养学生科技创新能力，从而达到全面推进素质教育的目的。其实施意义有以下几点：

1. 在校园内创造良好的科学学习氛围，培养学生的创新精神和创新能力，激起学生爱科学、学科学、讲科学、用科学的热忱，提升学生观察力、思考力、动手力和创造力。

2. 普及学生科技知识、培养学生科技创新思维、锻炼学生动手实践能力，提高学生对科技创新活动的参与性与普及率。

3. 选拔优秀作品参加更高一层次比赛，为创建素质教育理念下的科技特色学校作贡献。

二、课程目标

1. 通过每年的科技节课程，学生可以了解和认识相应的科技知识，并且能够说出该知识在生活中的实际应用。

2. 学生能够通过流利清晰的口语表达、结合信息技术制作多媒体作品、利用画面美观语言流畅的手抄报等多种形式介绍科技知识。

3. 通过参加科技节课程中各类比赛，学生具有合作意识和团队合作能力，可以熟练运用信息化手段收集信息，能够有意识地规划设计自主动手，将创意和方案转化为有形物品。

4. 学生在课程参与过程中能够学会如何带着科学的眼光发现问题，并且可以运用所学的科学知识制定合理的解决方案，乐于动手实践解决问题。

5. 通过科技节课程的学习，学生可以感受到经验总结、学习反思带来的益处，养成勤于反思的良好习惯。

三、课程内容

每年的科技节课程都会围绕一个主题展开探究，引导学生学习与主题相关的学科知识，再运用知识进行综合创新探究。课程主要分为科技知识普及、科技创新实验、科技知识竞赛、科技成果展示四个模块。

（一）模块一：科技知识普及

根据学生年级不同采用多元化方式进行科技知识普及，为时一周。

低年级：讲科普故事、看科普演出

中年级：分享科普书籍、绘科普图画

高年级：听科普讲座、做科普小报

（二）模块二：科技创新实验

面向三至六年级学生，为时三周。通过聆听讲座、发现问题制订方案、动手实践来完成科技创新实验。

通过讲座形式引领学生认识和了解科技创新，知道科技创新使用的方法。

引导学生观察发现问题，启发学生开动脑筋，依据所学科学知识收集资料设计解决方案。

指导学生动手实践，根据解决方案利用"加一加、合一合、大变小"的方式进行科技创新实验并记录实验结果，最终完成作品。

（三）模块三：科技知识竞赛

具体内容包括知识问答、科学幻想画、趣味游戏活动、科普类电脑作品，为时一周。以个人或小组为单位在班级内开展并进行班级内评选；优胜者将代表班级参加校级竞赛；知识问答、科学幻想画、趣味游戏活动及科普类电脑作品，围绕每年科技节主题设置，在科技知识普及的基础上开展，趣味游戏的具体活动内容将会依据每年的主题进行灵活调整。

（四）模块四：科技成果展示

主要内容为模块二科技创新实验中的优秀实验作品、模块三科技知识竞赛中的优秀作品，为时一周。学生在感受科技魅力的同时评选出心目中最喜爱的作品、最创新作品。

以上各模块课程内容与课时安排视实际情况灵活处理和安排。

四、课程实施

本课程适用于学校一至六年级学生，每年11月开展科技节课程，为期一个月。每学年由一个年级为承办年级，一至六年级循环承办，由承办年级确立一个科技主题，依据该主题举办相关活动探讨，其他年级进行学习和评选。其实施原则以科学知识为主导，综合其他学科知识进行前期渗透教学，在主题明确的情况下由学生完成选材的收集整理、演绎讲解、改造创新等探究过程。主要涉及确立主题、科技普及、科技创新、游戏竞赛及知识分享五部分。具体实施方法如下。

（一）头脑风暴，确立主题

每年科技节课程开展前三周开始面向承办年级进行科技节主题征集，学生可以根据自己感兴趣的或者想要了解的科技知识设计主题方案，内容包括：主题名称、科技知识点、可开展的竞赛游戏等；每个班级可以利用班会时间对班级内学生提交的主题方案进行内部评选，最终评选出2个主题方案提交至学校。

学校组织各学科教师代表共同评估主题方案的可行性和趣味性，从中评选出6个主题方案在校内通过晨会、校内展板等方式进行为期一周的公示，一周后采用全校学生投票的方式选取票数最高方案为本次科技节主题。

（二）渗透教学，科技普及

科技节课程在第一周课时中，将会采取多种方式对相关科技知识进行渗透教学，培植学生的科学精神，激发创造欲望，将全体学生带入无边无际的科学海洋。具体分为四个方面：

一是一至六年级充分利用晨会、班队课、校本课等课堂，组织学生学习科普知识，各科教师在日常教学中注重引导学生留意相关科技知识在生活中的运用，激起学生学习探讨的兴趣。

二是针对承办年级采取把知识带进来的做法，请相关科技知识领域的专家进入校园进行科普讲座，以身边的现象为切入点，为学生讲解科技原理、功能效果，让学生对科技知识有更全面的了解。

三是依据小学生生理发展特点，将抽象知识具象化、书面概念直观化，通过视频、话剧等形式普及相关科技知识，让学生在有声有色、有形有彩的世界里趣味化认识和学习相关知识内容。

四是创造学科学、用科学的浓郁科普氛围，通过学校红领巾广播台、班级黑板报、专题班会课等多种形式对全校师生进行科技教育，从而使科技意识深入人心。

（三）观察探讨，科技创新

科技创新主要面向承办年级学生，课程第一周内，教师可以利用班会课及课余时间开展科技创新专题讲座，主要通过图片、视频形式引导学生了解科技创新的意义和科技创新方法步骤；结合实际案例启发学生如何观察发现家庭生活及校园生活中一些常见的小问题。

课程第二周，学生3—5人为一个小组，以小组为单位，利用课余时间进行观察探讨，收集相关的科技知识资料，制定解决方案进行实验探索，完成科技创新发明提交至班级。

第三周，班级内利用班会课时间进行科技创新发明评选活动，每组学生可派出一名代表展示科技创新发明，展示时需说明创新设计意图、创新设计思路、运用的科技知识点，班级内部进行投票评选，最终票数最高的三份创新设计作品在校内展示。

（四）小组合作，游戏竞赛

游戏竞赛主要依托国家、省、市、区的"科技动手做"开展，游戏活动丰富多彩，主要分为知识问答、绘制科幻画、趣味动手做、科普类电脑作品秀四部分。游戏竞赛在课程第二周开始在承办年级的各个班级内进行首轮选拔，课程最后一周进行校级竞赛。

知识问答是学校围绕本年度科技节主题知识在科技成果展览会上举办相关知识问答活动，学生以班级为单位，每班派出3位代表进行问题抢答，答对计1分，答错不扣分，最终得分将记入科技节班级评分表中。

绘制科幻画是学生对本年度科技节主题"知识在未来生活中的使用发展"进行畅想描绘，绘画作品先在班级内进行展示投票，票选出前三名作品代表班级参加学校科技成果展览会"我最喜爱的科幻画"评选。

趣味动手做游戏将围绕每年科技节主题及"科技动手做"主题进行综合设置，年级不同项目内容也有所不同。学校制定趣味动手做游戏的项目和比赛规则后，每班学生以小组为单位，每组3—5人，利用常见的材料制作完成作品进行班级内竞赛，班级内前两名的作品设计小组代表班级参加科技成果展览会趣味动手做校级游戏竞赛，竞赛成绩最终以得分形式记入科技节班级评分表。

科普类电脑作品秀是学生利用电脑绘图、趣味编程、动画制作、多媒体编辑、网页制作等软件，将相关科技知识以电脑绘画、电脑动画、电子报刊、视频、网页等形式展示，作品先在班级内展示投票，票选前三名作品代表班级参加学校科技成果展览会"我最喜欢的科普作品"评选。

（五）展示成果，知识分享

每年度科技节课程的最后一周举办科技成果展览会，对科技创新实验和科技知识竞赛中的优秀作品进行展览。学生通过展览会回顾本次课程所学内容，对本次课程学习成果进行展示分享评选。展示内容多元化、趣味化，有孩子们用笔或者电脑描绘出来的知识收获，如相关科技简介、科技背后故事、科技未来发展；有孩子们依据相关科技知识设计的科技小创新小发明；有校级趣味游戏活动。

所有作品都将以班级为单位进行展示分享，由承办年级利用班会课时间先在班级内进行展示分享，评选出三份作品代表班级参加最终的科技成果展览会，全校孩子在参观中获取知识、增长见识、互相交流，最终评选出自己心目中的优秀作品。

五、课程评价

科技节课程的开展不单是为了学生能够掌握相关的科技知识与技能，更是重在培养学生良好的科学素养。科学态度是科学素养的重要组成部分，良好的科学态度也是科技节课程开展的必要条件，有了内在动力，学生才会收获更多的知识和技能，从而产生创新发明的欲望和能力，最终达到良好的学习效果。因此，本课程的评价从学生的科学态度、知识技能、学习成果三项指标出发，结合个人自评、同学互评与教师评价三维度对学生进行过程性评价和结果性评价。

评价方式贯彻了本校办学理念，采用累积小天鹅奖章方式进行评比。（见表5-7）

表5-7　智趣科技节评价表

评价指标	评　价　内　容	章数	自评	互评	师评
科学态度	1. 能够发现并探究生活中常见科学现象后的科学原理，有进行创新发明解决问题的意识。 2. 有良好的科学实践意识，愿意积极参与活动，能获取丰富经验和良好的实践体验。	3			
	1. 能发现日常生活中常见的科学现象并愿意探究。 2. 愿意参与活动，有动手实践的意愿。	2			
	1. 能够发现日常生活中常见的科学现象。 2. 在他人的帮助下愿意参与活动。	1			

（续表）

评价指标	评 价 内 容	章数	自评	互评	师评
知识技能	1. 熟练掌握所学科技知识和基本原理以及应用。 2. 团队合作能力强，组织领导成员进行实验探究，帮助组内成员共同完成实验学习。 3. 动手实践能力强，能够熟练使用各种工具进行实验创新操作，实验报告完整。	3			
	1. 掌握所学科技知识，了解基本原理。 2. 能够积极配合团队实验，帮助组内其他同学。 3. 动手实践能力良好，可以使用工具进行实验，在组内成员的帮助下完成实验操作。	2			
	1. 基本理解所学科技知识。 2. 可以配合完成组内分工任务。 3. 能够根据他人提供的实验方案，在他人指导下进行实验操作。	1			
学习成果	1. 能依据所学科技知识制作作品，界面美观，作品完整度高，能够清晰展示相关科技知识或者解决生活中的小问题。 2. 能清晰流畅地表达作品设计思路，运用科技知识。	3			
	1. 能够依据所学科技知识制作作品，作品完整度高，能够展示出相关科技知识。 2. 能够流畅地表达作品设计思路，运用科技知识。	2			
	1. 能够运用所学科技知识制作作品。 2. 作品设计思路，运用的科技知识能够表述清楚。	1			
累积章数					

本评价量表总计小天鹅奖章数为27枚，学生获得奖章数达到总章数90%以上即24枚奖章时荣获"创新小天鹅"称号，学生获得奖章数达到总章数75%—90%即20—23枚奖章时荣获"科学小天鹅"称号。

学生互评在科技成果展览会上起到至关重要的作用，作品是否能传达出科技信息，仅依靠教师的评判是不合适的，更多地需要学生去评价，因而对于科技成果展览会上创新作品、科幻画、电脑作品秀三类作品均进行编号展示，由全校师生对作品进行评选，每人每类可以选出3幅最喜爱的作品，每票计1分，最终票数将计入班级评分表，三类作品中最高票数作品将分别被评为"最佳创新作品""最佳科幻画""最佳科普作品"。（见表5-8）

表5-8　智趣科技节我最喜欢作品评分表

作品类别	我最喜欢的作品		
创新作品			
科幻画			
电脑作品秀			

智趣科技节的开展除了关注每个学生的个体表现外，也注重学生集体荣誉感的培养，依据科技成果展览会上各项活动对班级进行评价积章。每项活动第一名积3枚小天鹅奖章，第二名积2枚，第三名积1枚，总计12枚奖章，小天鹅奖章累积最高班级将获得"科技创新班级"称号。（见表5-9）

表5-9　智趣科技节班级评分表

班　级	创新作品	知识问答	科幻画	趣味动手做	电脑作品秀	合　计

（撰稿者：朱琳）

率性涂鸦节

美术课程是培养儿童知识运用能力、提高综合素质的重要课程，而借助于拓展课程的延伸，能够使美术课程更加饱满、丰富。在《义务教育美术课程标准》（2011年版）第四部分"实施建议"中指出："教师可以运用自然资源（如自然景观、自然材料等）和社会文化资源（如文体活动、节庆、纪念日、建设成就、重大历史事件、传说、故事、影视、戏剧、民族与民间艺术以及人类文化的遗物、遗迹等）进行美术教学。"因此我们将校园生活场景作为国家课程实施的资源补充，开发"率性涂鸦节"课程，增强对自然和社会的热爱，对美的追求，形成创造美好生活的愿望与能力。

一、课程价值

学校节庆文化大体可以分为两个部分：一部分是学校师生参与的民族传统节日文化活动和国家规定的节日庆典；另一部分是学校内设立的节日文化活动。学校节庆文化，是学校文化重要组成部分，与社会多元文化相互作用；民族传统节日、校园节日庆典具有重要的文化价值，是实现文化传承、弘扬民族文化的最有效方式。

通过涂鸦节课程，引导儿童关注美术与社会生活各个方面的紧密联系，在具体创设的情境中探究，认识美术的特征、美术表现形式的多样性，寻找美术与其他学科知识之间的关联。在实践中，开发孩子们的潜能。通过形式多样的涂鸦节活动，领悟生活中美术的独特价值，提高儿童的创造能力和综合实践能力。

二、课程目标

1. 以个人或集体合作的方式参与活动，了解美术语言及其表达方式和方法。学会运用基本的美术语言。如涂鸦作品中点、线、面的掌握与应用情况。

2. 通过对各种美术媒材、技巧和制作过程的探索及实验，丰富视觉经验和审美经验，发展感知能力和表现能力。如可以大胆尝试用不同的材料进行涂鸦创作。

3. 在美术活动中，了解美术对文化生活和社会发展的独特作用，获得对美术学习的持久兴趣。对身边可装饰的物或景进行美化，增加其视觉美感和文化内涵，从而提高创作的欲望和信心。

三、课程内容

涂鸦节的主题是整个活动的主线，围绕主题可以开发常规性的校本课程和节庆式的美术活动。

（一）天鹅之美——以天鹅为主题，表现学校的天鹅文化

低年级——天鹅绽美：学生以儿童画的形式，画天鹅形象，做天鹅头饰。

中高年级——水墨鸿鹄：学生在培养水墨作画的能力的基础上，绘制鸿鹄形象，感受其象征之意。

（二）印象徽州——以建筑为主题，表现徽州的建筑特色

低年级——徽派建筑：让学生用手搭建，用笔临摹，感受徽派建筑的色调、结构特点。

中年级——水街墨韵：感受水墨画的韵味深长，用水墨的方法绘制家乡的建筑。

高年级——徽韵：用自己喜爱的方式，表现家乡的建筑。

（三）节日庆典——以人文为主题，表现我国的节庆文化

低年级——传统美食：结合教材内容，让学生绘画自己喜爱的食物，丰富生活体验。

中年级——快乐的节日：以生活中各种节庆生活、校园节庆活动为主题，展示过节时热闹、愉快的氛围。

高年级——节庆的装饰：与生活紧密联系，动手绘制有节庆元素的画作或饰品，装饰校园、班级。

（四）环境装扮——以装扮校园为主题，表现丰富的校园文化

低年级——百米长卷：以班级为单位推选绘画小能手，共同在百米画布上作画，装饰校园。

中年级——校园画展：定期举办校园画展，丰富学生的生活，加强艺术熏陶。

高年级——涂鸦墙：充分挖掘校园墙壁、空地、楼道、窨井盖等创作环境，结合校园文化特色，让学生率性涂鸦，自己动手装扮校园，增添文化气氛。

四、课程实施

本课程适用于一至六年级全体学生。每年举行一次，每次活动需要4周课时。具体实施方法如下。

第一阶段：活动准备

涂鸦节活动开始前要制定周密的活动方案。明确"以学生为本"的指导思想，确定涂鸦节活动的主题，通过对活动目标、活动情境、活动资源、自主探究、合作学习、活动辅导、活动评价等方面的设计谋划，提高活动的可行性。

活动前教师做好动员工作，包括活动目的、内容、方式、人员、时间、地点等，并以文字形式告知学生和家长。针对与活动有关的美术知识和技能，对学生进行充分的辅导。根据活动形式分组，安排小组负责人，安排所需的工具材料等。

第二阶段：活动宣传

很多人经常用线条画得直或不直，造型画得像或不像、颜色涂得均匀与否来评价儿童的绘画作品，而这样的评价方式会给孩子带来心理负担，出现不敢画、不愿意画的现象。用成人的眼光审视或者评价儿童绘画作品，这样的评价方式是不正确的。没有认真听他们分享画中的故事、描述他们看到的世界，没有注意到孩子们的想象力是多么丰富，原创作品是多么珍贵。6到9岁的孩子正是培养他们的兴趣、锻炼他们的想象力的时候，所以这个时期孩子的绘画，画的不是形象，而是想象。涂鸦节活动很好地尊重了孩子们的想象，让他们完全释放自己的天性。涂鸦式的绘画语言，可以让孩子们将所感

所想真实地表达，描绘出自己的想法。

组织开展内容丰富、形式多样的涂鸦节活动，广泛发动全体学生参与。利用班级QQ群、大课间活动、在校园内张贴海报和电子屏幕向学生、家长宣传活动的目的、形式及要求。

第三阶段：活动过程

1. 激发学生参与活动的兴趣。根据设定的主题发挥主观能动性，充分调动孩子们的积极性，同时也提高孩子们的实践能力和审美能力。

2. 明确活动目标。明确活动目标是为了避免活动走过场，涂鸦节活动有很多不确定因素，时间的安排、人员的分配等都是容易发生变化的。制定了活动目标，也就增强了活动的可行性。

如涂鸦节课程之"百米长卷"要求：（1）确定本年度参加活动的年级和活动主题。（2）每个参加班级提前在班级内商议创作方式，首先在班级内初选，每位同学上交一幅作品，班级内投票评选出4—6幅作品。被选上的作者代表班级参加活动。① 集体创作：根据活动主题，全班同学分组讨论如何表现主题内容，用哪些材料去创作，分工明确后现场共同完成一幅大作品；② 个人创作：根据主题内容，每位参赛选手各自完成一小幅作品。（3）表现形式、画种不限，油画棒、国画、线描、水粉（彩）、书法等均可。（4）材料准备：画纸（布）由学校提供，其他工具自备。（5）现场创作要求主题明确、内容健康、构思新颖、构图合理、色彩的运用有艺术感（书法作品：用笔到位、结构准确、章法布局美观）。

3. 明确活动的时间、场地、人员、行程安排、安全教育、材料准备、环境卫生等因素。

4. 教师辅导环节：我们要尊重学生自己的原创作品，课程中，引导学生发挥自己的想象力，不要一味临摹他人作品。避免修改学生作品，用将错就错的态度去欣赏他们的创作。同时教师也要多与家长沟通，帮助家长学会从多角度去欣赏孩子们的作品，以积极鼓励的态度认可孩子的作品。在辅导过程中，教师不能墨守成规进行范画示范或者手把手地教学，要结合学生的年龄的和儿童绘画的特性，根据学生的兴趣点进行课前导入，营造轻松愉快的课堂气氛。辅导教师按年级段进行分层辅导，教师按照自己所带学段、班级进行辅导，程序安排（前期课堂辅导—活动现场辅导—展示反馈辅导）。

5. 合作交流环节：学生分小组进行活动的探究，如素材收集、选择材料、构图形式、表现方法等。合作交流学习中，对学生小组合作学习能力的培养是一个很重要的组成部分。学生会因为缺乏小组合作能力而无法继续学习，从而直接影响整体活动的顺利进行。多创造适合儿童身心发展的集体美术活动，可以为儿童营造培养合作精神的舞台，激发孩子强烈的小组合作欲望，焕发活力。培养孩子的团结、协作精神，形成良好的道德品质。

第四阶段：评奖展览

1. 教师对活动作品进行评选，同时，未承办的各年级学生，也要对作品进行评价（评价以投票方式进行）。按教师评价的60%和学生评价的40%总和转化为最终等级。2. 参赛奖项包括：一等奖、二等奖、三等奖、优秀奖。

2. 作品展览：评选出的优秀作品在校园文化长廊、教学楼走廊、宣传栏、校园网站、电子大屏进行展览。

第五阶段：活动总结

涂鸦节活动是对日常美术课程的拓展和延伸，与课堂教学相比更具灵活性。活动中所收获的经验和反映出的不足，都是今后美术课堂需要研究和发展的方向。同时，也是为学校开发有特色的校本课程提供了有力的保障。

五、课程评价

本课程评价分为学生评价和教师评价两大方面。

（一）学生评价

学生评价由学生自评和学生互评两个部分组成，分别从能否抓住主题、合理表现相关的主题内容，是否较好地表现了作品的美感，作品的表现方式是否有创意三方面进行评价。（见表5-10）

表5-10　率性涂鸦节学生评价表

评 价 标 准	分 值	评 价 结 果	
		学生自评	学生互评
能否抓住主题、合理表现相关的主题内容	30		
是否较好地表现了作品的美感	30		
作品的表现方式是否有创意	40		
总　计	100		

学生评价由学生自评的50%与学生互评的50%组成。

（二）教师评价

教师评价由专业的评委从作品选材、技法运用是否得当；是否较好地表现了作品的美感；是否有丰富的想象力；能否大胆、自由地表达自己的感受；创作能力、合作能力的展现五个方面进行评价。（见表5-11）

表5-11　率性涂鸦节教师评价表

评 价 标 准	分 值	评价结果
作品选材、技法运用是否得当	20	
是否较好地表现了作品的美感	20	
是否有丰富的想象力	20	
能否大胆、自由地表达自己的感受	20	
创作能力、合作能力的展现	20	
总　计	100	

根据学生对涂鸦节活动全过程的参与，进行积分制评价。根据学生评价和教师评价总和确定总成绩。

作品总成绩由学生评价的40%与教师评价的60%组成。

最终以总成绩转换成等级形式给予评定。评价等级分为一等奖、二等奖、三等奖和优秀奖。90—100分为一等奖，80—90分为二等奖，70—80分三等奖，60—70分为优秀奖。

同时根据学生完成作品过程，设立"最佳色彩搭配奖""最佳美工制作奖""最佳涂鸦创意奖""最佳实践探索奖"等单项奖。

（撰稿者：张宇）

科学影像节

随着素质教育的深入开展，对学生的科学探究能力、创新能力和动手能力都有了更高的要求，教育部2017年发布的《中小学综合实践活动指导纲要》以及2020年印发的《大中小学劳动教育指导纲要》都提出了要让更多的学生参加社会劳动实践，增加劳动体验，提升学生的综合实践能力和劳动实践能力。这就使得中小学教育教学中迫切需要开发相关的校本课程，增强学生的科学素养和创新能力，提升学生的综合素质。

一、课程价值

数字化新媒体新技术的广泛运用，媒体视频、动画、游戏等移动互联网多媒体信息充斥着我们的生活，在青少年的思想和行为上也发生了巨大的影响，正确引导和扶持移动网络新媒体是我国加强未成年人思想道德建设和科学素养的重要措施。2010年中科协青少年科技中心决定在全国范围内，征集科技摄影、科学DV、科普动漫等新影像作品，并筹备举办了首届全国青少年科学影像节活动。

近年来，学生开始用影像设备和技术将自己生活中的科学研究过程及活动记录下来，形成科学影像作品，使得青少年科学影像活动在学校教育教学中常态开展起来。西园新村小学北校在科技创新活动和小天鹅校本课程中也积极开展科学影像活动。学校作为安徽省信息技术示范校，非常重视学生科学素养的提升，为丰富学生的校园生活，提升学生的综合素质，早在2010年学校就组织学生积极开展科学影像探索活动，2012年正式参加蜀山区科学

DV 区级比赛。同年起，学校开始每年组织中高年级段学生参加科学影像社团活动，组织相关技能培训，科学影像活动依托学校每周五下午的小天鹅课程，开发了科学影像特色课程，从2013年开始将科学影像社团和科学影像课程有效结合，每学年都开设校园科学影像节课程。

1. 在每周五下午的校本课程中，开展科学影像课程教学，教授学生科学影像的理论知识，保证了课程理论知识的有效传授。学生利用业余时间及周末时间进行小组活动，理论和实践相结合，使得科学影像节活动有序、有效实施。

2. 学生申请加入科学影像社团，社团有相应的制度和规章，让活动更加自主和有效，学生能在老师的引导下独立地开展科学探究活动。

3. 对影像节成果展示进行评比，让学生积极参赛，选拔优秀选手和作品参加蜀山区、合肥市、安徽省科学影像评比活动、全国科学影像节评比展演活动。比赛不仅调动了学生学习的兴趣和积极性，也让学生更主动地学习相关的摄影摄像知识，自主探索科学知识，以赛促学，寓教于乐，学研互长。

二、课程目标

1. 通过科学影像作品的制作，让学生了解和掌握影像设备的基本操作和拍摄方法，掌握影像制作技巧，熟悉科学影像作品的创作流程、脚本的编写。让学生能自主地选择有一定研究价值的主题，通过探究、合作、实践等活动制作具有创新性的简单科学影像或科普动画作品。

2. 用科学探究纪录片、科普动画、科学微电影等形式记录科学探究的过程，了解影像活动的展示方式，学会分享体验，引导学生进行科学探究，让学生形成"节约能源资源、保护生态环境、保障安全健康、促进创新创造"等方面的科学素养，培养学生的科学探究实践能力和自主学习能力。

三、课程内容

科学影像节课程依托科学影像社团、科学影像活动课程及影像节等课程体系，让学生通过自主探究选题拍摄、记录科学探究活动的过程，并制作能体验科学性、技术性和社会性的影像作品、科普动画及科学微电影作品的一门学科技能课程。

通过科学影像节课程实施，让学生了解和认识科学影像活动，学习摄影和摄像基本的拍摄技巧，会进行相关内容的主题选择、脚本编写和后期制作，制作简单的科学影像作品。通过一系列的理论及相关操作后，分小组选定主题进行具体的拍摄训练，通过观察和提问、猜想和假设、计划和组织、事实和证据、模型和解释、表达和交流六个探究步骤的实践学习，掌握科学影像活动的作品制作。

科学影像节课程主要通过课程理论知识学习、科学影像社团活动和校园科学影像节三个模块开展。

模块一：课程理论知识学习

每周五下午开展的"小天鹅校本课程"中有专门依据学生的兴趣开展的科学影像课程，依托校本课程为学生量身打造特色课程。通过科学影像知识学习、培养学生科学探究能力。课程考虑需要学生具备一定的动手实践能力，参与的主要对象是小学中高年级段学生（4—6年级）。

1. 科学影像设备的基本操作和使用，科学影像作品的制作。让学生了解科学影像活动，熟悉摄影和摄像器材的使用方法和功能，掌握基本的拍摄方法和技巧。通过课程学习让学生掌握科学影像作品脚本的编写，熟悉和掌握拍摄的流程，学会科学影像作品如何选题，尝试进行简单的影像作品创作。

2. 作品的后期处理及参赛申报。对科学影像素材的收集整理，学习音视频处理软件，对制作的影像作品进行编辑剪辑，对影像作品进行美化处理，制作成品参加科学影像节比赛。

模块二：科学影像社团活动

学校自2012年开始正式组建校园科学影像社团，每年选拔中高年级段学生参加科学影像社团活动，组织相关技能培训。科学影像社团通过学生的视野记录科学探究的过程，社团活动的宗旨是培养学生的科学探究精神并记录科学实践的过程。

1. 依托小天鹅校本课程，课程和社团活动同步开展，通过社团活动引领学生利用课后和节假日时间参与实践的实地采风活动，将理论知识和实践活动有机结合，培养学生进行科学影像实地拍摄和制作，作品参加校级影像作品展示和各级科学影像比赛活动。

2. 小班个性化社团活动，让学生老师教学相长。

3. 社团活动融入社会实践，活动范围更广，实践性强。

模块三：校园科学影像节

每年9月份开展一次面向全校学生的科学影像作品评选和集中展示活动，活动分为作品初选和集中评选展示两部分，前期在全校各个班级进行科学影像作品的收集及初选，由班级推选出优秀作品参加校级科学影像作品评选活动。校科学影像社团负责作品的初审细则解读和影像节优秀作品展示的布展与优秀作品展演。

四、课程实施

学校非常重视科技活动的开展，青少年科学影像活动作为学校一项重要的教育教学活动，从开始之初就确立了明确的课程特色。主要包括课程教学、社团活动和科学影像节活动三部分。

（一）科学影像课程和社团活动实施

依据学校小天鹅课程体系，利用每周五下午面向全校学生进行"至真、至纯、至善、至美"的校本课程。科学影像课程主要依据学生兴趣爱好，在小学中高年级学段选拔具有一定科学探索和实践精神的学生通过一定理论知识的学习，掌握简单科学影像作品的制作。

1. 以兴趣为支点，成立科学影像专业化校本课程，小班化教学，每班限定30人以内。

2. 学校设立专门的课程教学管理机构，由负责教学管理的校长、负责科技活动的主任和专业的科任骨干教师进行分工协作，制定了课程开展和实施的详细规章制度，从课程宗旨、课程目的、课程任务、课程制度、考核评价等多方面进行细化要求。

3. 课程教学主要通过每周五的校本课程和影像社团活动开展。

（1）科学影像校本课程教学。课程由专职的课程教师授课，小班化教学，分为理论知识课程和校内实践操作课程。主要通过学习摄影和摄像等基本的拍摄技巧，会进行相关内容的主题选择、脚本编写和后期制作，制作简单的科学影像作品。通过一系列理论及相关操作学习后，分小组选定主题进行具体的拍摄训练。通过理论学习和实践操作，尝试科学影像作品制作。

（2）科学影像社团活动开展。学校的科学影像社团成立于2012年，作为由教师引导、家长辅助、学生自主参与的实践性社团，是科学影像课程的有效活动载体。自蜀山区开展科学DV区级比赛开始，社团每年组织中高年级段学生参加社团活动，进行相关技能培训，社团依托学校每周五下午的小天鹅课程进行影像活动，是理论课程的有效补充。

学生在课间或节假日以社团小组为单位，围绕一定的探究主题进行社团实践活动，制定相应拍摄计划进行实地拍摄，对拍摄素材进行后期编辑处理，制作影像作品。

（二）影像节活动实施

学校每年9月举行科学影像节活动，对各项科学影像成果进行评比展演，学生的参与度极高。学校影像节活动面向全校学生开展，低年级学段（1—3年级）学生主要是参与为主，以感受、分享和体验的简单形式参与活动；中高年级学段（4—6年级）学生是影像节参展作品的主要创作者，参与影片的评比和展演。

影像节活动每年围绕"节约能源资源、保护生态环境、保障安全健康、促进创新创造"设计一项主题，按一个年级为单位进行轮流承办，让每个年级的学生都有机会尝试参与影像节活动的过程，在每年9月影像节期间，承办年级负责进行全校范围集中影像作品展演评比活动，在展演过程中向全校师生进行作品推介：制作宣传海报，设计展演站台，进行现场展示推介演说。全校师生对参展作品进行投票，最后按选票数选出"最受欢迎影像作品""最具创意影像作品""最佳制作影片"。

影像节活动具体实施细则

1. 优秀作品选拔。由科学影像社团负责对承办年级不同班级选送的申报作品进行初选，符合科学影像节活动要求的作品视为合格参展评比作品。

2. 校级评审。组织有关任课教师按照STS（科学性、技术性和社会性原则）评审标准针对其制作或设计的思想态度、呈现效果评价，对符合要求的参展作品进行评审，选出优秀作品，择优选送参加各级科学影像作品比赛。

3. 评审标准：（1）作品要以现实生活中的科学现象、技术发展、社会生活等社会科学或自然科学问题为研究对象，要求主题思想积极明确，具有一定的科普意义。（2）申报作品必须为作者原创作品，申报作品须符合STS评价标准，体现科学探究、多媒体技术、人文精神等方面的具体要求。

4. 集中展演。在校内科学影像节期间进行全校作品展演，让参与学生、老师及家长进行相关的评选。（1）制作作品宣传海报：每个入围校园影像节的作品须自备一张作品宣传海报，显示作者有关信息和作品的简要介绍。（2）布展：每个作品需设计一个符合主题的展示平台，放置宣传海报或实物展示。影像节组委会为每个站台提供一个实物展板，需要参赛学生现场在展板上设计作品介绍、探究过程以及作品科学性描述，鼓励个性化布展。（3）现场解说：参展作品需要利用多媒体向参观的师生和家长进行作品解说、阐述、讲解等。

五、课程评价

科学影像作品评价标准依据科学性、技术性和社会性的STS标准进行校级评选，对相关作品进行全面的评定和评比，优秀作品择优选送到区市省等各级参加青少年科学影像节大赛。

（一）评价标准

1. 科学性原则。作品主题的选择要符合基本的科学原理和思想，研究过程和方法具有一定的科学价值和创新思想。

2. 技术性原则。影像作品的拍摄技巧和方法合适，后期剪辑制作等方面技能合适，拍摄画面清晰，拍摄镜头稳定，在剪辑制作过程中，素材处理、配音配乐、字幕特效等技术使用合适。

3. 社会性原则。作品能体现出学生科学的情感、态度和价值观，包括人与自然的和谐相处、动手实践能力、探究能力、分析问题和解决问题的能力。

（二）成果性评价

对科学影像节参展作品的主题、科学态度、制作流程、音视频技术使用等进行评价。（见表5-12）

表5-12 科学影像节作品评价表

评价标准	百分比	评 价 指 标	分 值	得 分
科学性	35%	（1）主题选择，创新特殊	10分	
		（2）过程研究，细致完整	15分	
		（3）研究结果，实用创新	10分	
技术性	35%	（4）画面影像，自然清晰	20分	
		（5）制作剪辑，环节流畅	15分	

（续表）

评价标准	百分比	评 价 指 标	分 值	得 分
人文性	30%	（6）科学导向，深入探究	10分	
		（7）客观事实，尊重规律	10分	
		（8）意志坚定，思想正确	10分	
总 分				
等 级				

1. 评价等级

科学影像之星：各个分项总分在90分以上评定为此等级。

科学影像能手：各个分项总分在70—89分评定为此等级。

2. 各分项单项奖

依据科学性、技术性、人文性的评价标准各单项分数最高评定。

最佳科学创意奖：作品主题鲜明、环节完整、具有科学创新性的影像作品。

最佳视觉效果奖：影像画面自然清晰，视频剪辑制作精良。

最佳实践探索奖：作品尊重自然规律，具有探索和实践精神。

（三）过程性评价

1. 学生参与度评价。对校园影像课程及社团活动中学生的活动参与进行相关评价，用记录表进行记录。

2. 展示评价。校园科学影像节展演期间进行作品展演，让参与学生、老师及家长进行现场票选。（见表5-13）

表5-13　科学影像节过程性评价表

评价标准	评价指标	票 数
喜爱程度	主题鲜明，深受喜爱	
创意性	立意新颖，视角独特	
制作技术	画面清晰，制作精良	

此外，全校师生通过对参展作品进行投票，评选出"最受欢迎影像作品""最具创意影像作品""最佳制作影片"等。

（撰稿者：李锐）

第六章

项目学习：挑战真实的问题

　　项目学习突出问题导向，儿童在最终解决问题的同时，创造出某件学习作品，完成重要知识的学习。多年来，孩子们在学校组织的多种项目学习中锻炼了自身挑战问题的勇气，如科技实践活动、设计未来城市、创客微剧场、科技动手做等。在学习中，孩子们解决复杂问题的能力、创造能力以及合作与沟通等社会性技能也得到了大幅提升。

项目学习是指学生对某一个真实存在的、与生活相关的问题进行调查与实践，他们以小组合作探究的方式共同思考并尝试挑战应对办法，最终解决问题，同时创造出某件学习作品，完成重要知识的学习。项目学习操作程序一般依次为选定项目、制订计划、活动探究、作品制作、成果交流、活动评价等六个步骤。①

通过项目学习，一方面基础知识和基本技能，学生可以伴随问题的解决而获得，建构自身对知识的理解；另一方面有利于学生学会学习，培养复杂问题解决能力、创造能力以及合作与沟通等社会性技能。

西园新村小学北校项目学习已经开展数年，如"创客微剧场·成语故事"，学生通过团队合作将语文、科学、信息技术、音乐、美术、体育等多学科知识交叉运用创作作品。学生原创作品《闻鸡起舞》，荣获蜀山区最佳纪录片一等奖、最佳摄影奖、舞台实验探索奖三大奖项。学校还开发了设计未来城市、智慧养老社区、西园社区小创客以及科学DV等多门项目学习。

项目学习在评价上不仅对学习结果做出评价，同时也强调对学生整个学习过程进行评价。在结果评价方面，项目学习需要在学习任务完成时最终形成相应的有形项目产品。在过程评价方面，项目学习强调任务完成过程中学生的人际沟通、团队协作等社会性能力。

总之，项目学习重点关注学生在学习团队中所表现的学习状态、意识、科学探究能力以及贡献值等多个方面。通过这些年实施项目学习，西园新村小学北校学生综合运用知识解决实际问题的能力、与人沟通的能力以及创造力都得到了有效提升。我们开展项目学习的最终目标就是培养未来社会建设所需要的复合型创新型人才。

（撰稿者：王建民）

---

① 杨四耕.课程实施的18种方式［N］.中国教师报，2017-12-27（012）.

第一节

科学使用早餐塑料袋

在2018年全国教育大会上，习近平总书记指出："要在增强综合素质上下功夫，教育引导学生培养综合能力，培养创新思维。"科技实践活动课程是一种多种形式相融合、相促进的课程，将知识类学习和实践类学习、静态式学习和活动式学习相融合。

在小学高年级课程设置项目学习，提高了应用所学的科学知识或多学科知识多角度、多层次地分析和解决问题的能力，搭建平台参与高校合作，让孩子提前感受科研工作的方法，走出去体验、探究与实践，从小树立正确的科学观，培养探索新事物的兴趣以及实事求是的学习态度。因此以"科学使用早餐塑料袋"社团为单位开展调查与问卷，街头采访，利用网络、书籍查找资料，尝试用新的可使用材料制作塑料袋或替代塑料袋，将理论与实践相联系的同时也将课程与科学紧密地联系。

一、课程价值

食品塑料袋因价格低廉、使用轻便等优点使用频率高。但塑料袋遇到高温会析出有害物质，因不易降解，引发越来越严重的环境污染。中国国务院办公厅于2007年就发布了《关于限制生产销售使用塑料购物袋的通知》。通知指出，在全国范围内禁止超薄塑料购物袋的生产、销售、使用，同时实行塑料购物袋有偿使用制度。2020年7月17日由国家发展改革委、生态环境部、工业和信息化部等九部门联合印发的《关于扎实推进塑料污染治理工作的通知》中明确提出，自2021年1月1日起首先在城市的各个商店及餐饮外卖中禁止使用不可降解塑料购物袋。

针对早餐食品塑料袋的安全使用和造成的环境污染问题，西园新村小学北校组织科学兴趣小组开展"科学使用早餐食品袋"的科技实践活动课程。

二、课程目标

科学教育是立德树人工作的重要组成部分，是提升全民科学素质、建设创新型国家的基础。通过学校开展形式多样的"科学使用早餐食品袋"课程，让学生了解我国的国情，体验科学探究的过程，形成与人合作的科学态度，产生保护环境的意识和社会责任感。本课程从知识、探究、情感、科学技术与环境四个方面，培养学生的科学素养和实践创新能力。

1. 了解塑料袋的等级分类，认识食品专用袋的安全标志。

2. 在专家的指导下，能通过化学实验检测塑料袋的溶出物，知道塑料袋在不同的温度下会发生变化，影响食品安全。

3. 学会多种渠道收集资料、观察讨论、小组合作等方式，确立科学探究方法。对实验数据进行对比整理，从而得出实验结论。

4. 培养探索新事物的兴趣以及实事求是的学习态度，更多更近地走进科学，培养对科学的兴趣和热爱。

5. 意识到保护身体健康可以从日常生活中点滴做起，树立环保意识。

6. 本着立德树人的总目标，在小学阶段参与高校合作，提前感受科研工作的方法，走出去体验、探究与实践，从小树立正确的科学观。

三、课程内容

本课程以"早餐塑料袋的科学使用"为主题，关注市民食品安全。

课程的主要内容包括：初期开展调查与问卷、街头采访，观察得出问题；利用网络、书籍查找资料，寻找解决问题的方法，设计化学实验探究问题，得出结论；利用新闻及网络媒体宣传科学使用塑料袋的方法；尝试用新的可使用材料制作塑料袋或替代塑料袋，将理论与实践相联系。

本课程以"早餐塑料袋的调查"为主题，主要有以下五个模块。

模块一：学生谋划

项目的选定是依据早餐塑料袋是以塑料（常用塑料有聚乙烯、聚丙烯、聚酯、尼龙等）为主要原料制成的袋子，是人们购买早餐时必不可少的物品，因其廉价、重量极轻、容量大、便于收纳的优点被广泛使用，但又因为高温的早餐，用塑料袋包装后，会导致塑料分解出有毒成分，例如苯环、氯化烯等，这样的食品对儿童健康发育的影响尤为突出。

项目计划在学校的高年级——六年级中开展，由40名左右学生组成的"科学使用早餐塑料袋"社团，在专业的教师和外请专家的指导下参与早餐塑料袋的科学使用的项目中。

模块二：学生学习

学生在化工学院相关专家的指导下，进行塑料袋相关专题课程学习，为保证实验的开展提供理论、方法和操作指导。

学校为社团邀请化工专业专家到校指导理论和方法，开展科普讲座、让学生对塑料袋的安全使用有更加深刻的认识，社团专业老师带领学生走进大学实验室，体验严谨科学的实验操作和数据分析。

模块三：学生调研

在组长的带领下利用网络调查、街头采访和问卷调查等方式参与早餐塑料袋的数量和使用调查。

活动地点

校内：多媒体教室、教师的办公室、实验室、操场等

校外：周边早餐店铺、福年来早餐车、安徽省图书馆、安徽大学、蜀山区大型社区等

模块四：学生实验

"科学使用早餐塑料袋"社团内成员小组讨论设计活动方案，进行项目探究，从活动方案的设计、实验的步骤、汇总和分析实验数据，从而得出结论。

模块五：成果分享

各社团小组制作科学使用早餐塑料袋的宣传彩页和视频，以多种形式大力开展以"科学使用早餐塑料袋""健康生活"为主题的科普宣传，阐述科普环保塑料袋和塑料袋替代品的理念。

四、课程实施

本课程为项目学习，适用于六年级学生，共14课时。以"科学使用早餐

塑料袋"社团为单位，初期开展调查与问卷、街头采访，观察得出问题；利用网络书籍查找资料寻找解决问题的方法，设计化学实验探究问题，得出结论；利用新闻及网络媒体宣传科学使用塑料袋的方法；尝试用新的可使用材料制作塑料袋或替代塑料袋，将理论与实践相联系。

本课程以"科学使用早餐塑料袋"为主题，主要有以下五个阶段。

第一阶段：选定项目

不少学生早上因为时间紧，在早餐店或早餐车买早饭，热腾腾的早饭放入早餐塑料袋，会不会产生毒素？这些毒素会不会对身体产生影响？带着这两个问题，由六年级学生组成的"科学使用早餐塑料袋"社团，在团长的带领下，各成员之间分工合作，利用网络调查、街头采访和问卷调查，并在由学校为社团邀请的专业教师的指导下，参与早餐塑料袋的科学使用的项目中。

第二阶段：制定计划

本课程计划14课时。具体安排为：上网查阅资料（2课时），问卷调查（2课时），征文大赛活动（2课时），专题课程学习（2课时），项目的探究（6课时）。"科学使用早餐塑料袋"社团成立四个社团小组（每小组6—8名学生），组内成员给自己的社团小组起有特色的名字，如"牛顿队""爱因斯坦队"，每周利用周五下午半天和周末的时间展开社团活动。

第三阶段：活动探究

（一）专家为课程的开展进行指导

围绕本次课程主题，学校邀请化工学院相关专家为课程的开展进行指导，主要采用以下三种形式，为课程提供有力的技术支持、方法支持和数据支持。

1. 邀请专家到校指导课程。化工学院相关专家到校指导科技实践活动"科学使用早餐塑料袋　关注市民的食品安全"的实验课程。专家指导学生利用实验室现有的实验器材来开展实验，同时指导学生检验属于"三无产品"的早餐塑料袋在高温情况下是否会产生有毒有害物质的方法。

2. 开展科普讲座课程。化工学院相关专家来西园新村小学北校开展科普讲座，如"舌尖上的塑料"。专家讲解塑料袋的分类、使用方法及使用不当对身体造成的危害。介绍通过认识一些塑料制品标志来判断其安全性能，提醒同学们尽量不要用塑料制品盛放过热的食物。

3. 老师带领学生走进安徽大学实验室。社团研究小组的学生走出课堂、进入大学实验室，通过体验塑料袋在高温下的变化，了解科学的实验操作方法，如何配置标准的溶液等，专家同时指导小组成员如何用计算机分析数据，得出正确结论。

（二）学生自主探究活动

1."科学使用早餐塑料袋"社团内成员相互讨论，设计如下活动方案。（见表6-1）

表6-1 "探究早餐塑料袋高温下的变化"活动方案

"探究早餐塑料袋高温下的变化"活动方案

提出问题：_____

做出假设：_____

设计实验方案：

2."科学使用早餐塑料袋"社团分四个小组开展实验，基本实验步骤如下：（1）清洗。将塑料片剪切成规则试样片，将玻璃器皿用洗涤剂浸泡洗涤，自来水反复清洗后，再用纯水润洗2次，晾干备用。（2）溶液配制。① 配置硫酸溶液，密闭保存在装入瓶中。② 配置高锰酸钾溶液，阴暗处密闭保存在瓶中。③ 配置草酸溶液，密闭保存在瓶中。（3）实验：① 将塑料袋分别分多组浸泡在20℃和60℃水中。② 高锰酸钾滴定。在草酸溶液中加5 mL硫酸，慢慢加热到70℃（刚开始冒蒸气的温度），趁热用高锰酸钾溶液滴定。看20℃和60℃水中的塑料袋分别消耗的高锰酸钾溶液质量。（4）实验的安全保障。学生实验之前，将有危险的操作告知学生，在整个实验过程中，教师全程给予安全指导和防范，确保每一位学生安全地进入实验室，安全地离开实验室。

3."科学使用早餐塑料袋"社团各小组汇总实验数据，相互交流讨论，分析数据的合理性和差异性。

下面是"牛顿队"在调查"三无"塑料袋和环保塑料袋安全使用时得出的数据表格，可供社团各小组参考。（见表6-2）

表6-2 "牛顿队"调查三无塑料袋和环保塑料袋安全数据表

样　品	温　度	高锰酸钾耗量/ 100 mL 浸泡液	重金属	高锰酸钾耗量 倍数关系
"三无"塑料袋	25℃	1.55 mL	无	2.58
	60℃	2.15 mL	无	3.58
环保塑料袋	25℃	0.6 mL	无	1
	60℃	1.1 mL	无	1.83

4. 实验分析：由"牛顿队"在调查"三无"塑料袋和环保塑料袋安全使用时得出的数据，可知样品分"三无"塑料袋和环保塑料袋，温度分别设定为25℃和60℃，"三无"塑料袋在25℃和60℃时，高锰酸钾耗量倍数关系分别是2.58和3.58，由此可知"三无"塑料袋在25℃时和60℃都产生有害物质，并且温度升高，有害物质增多；环保塑料袋在25℃和60℃时，高锰酸钾耗量倍数关系分别是1和1.83，由此可知环保塑料袋在室温时，没有有害物质，但温度升高，有害物质增多。此表格可供研究小组参考。

5. 实验结论：由"牛顿队"在调查"三无"塑料袋和环保塑料袋安全使用时得出的数据可以得出：温度升高，"三无"塑料袋和环保塑料袋产生的有害物质都增多，"三无"塑料袋比同温度下的环保塑料袋产生的有害物质显著增多。可供社团各小组参考。

第四阶段：作品制作

1. 将参加"早餐塑料袋与食品安全"为主题的优秀文章，制成海报和网页。

2. 各社团小组在高校专业教授的指导下开展实验，实验的过程和结论录制成视频和光盘。

3. 用PP塑料板制作不同等级的塑料袋模型，将安全标志印在塑料袋模型上，将其展览在学校各个楼层的宣传栏中。大小按照常用市场塑料袋规格，表示顺序：（宽度侧宽）×长：（1）（150+80）×240；（2）（170+80）×280；（3）（200+100）×320。

4. 各社团小组通过调研咨询，选取红薯、玉米、马铃薯内含的大量天然淀粉，及植物油衍生物作为添加剂进行合理配比，目标制作出"可入口食用"

的环保早餐塑料袋。它能够完全生物降解，减少二氧化碳排放，废弃物适合焚烧处理，对环境无污染，废弃物适合堆肥、填埋等处理方式。

第五阶段：成果交流

1. 将以"早餐塑料袋与食品安全"为主题的优秀文章发布在学校网站和微信公众号上，让全校学生都知晓早餐食品袋影响着食品安全。

2. "科学使用早餐塑料袋"社团小组实验的图片和视频提供给学校网站和微信公众号等媒体，让更多的市民都知悉早餐塑料袋在温度达到60℃时，环保塑料袋和"三无"塑料袋都会产生危害。

3. 在学校和竹荫里社区搭建宣传点，各社团小组主动向西园新村小学北校师生和竹荫里社区居民讲述劣质塑料袋、"三无"塑料袋在高温下的危害。

4. 社团小组向身边的亲人和朋友介绍科学使用早餐塑料袋的理念并提供宣传彩页和视频，并让他们发朋友圈，让更多的人知晓早餐塑料袋如何使用。

5. "科学使用早餐塑料袋"社团内成员参与"科学使用早餐塑料袋"征文大赛活动，优秀作品张贴在学校宣传栏内，并投稿安徽日报社、合肥晚报社等报刊，引起广大市民对科学使用早餐塑料袋的重视。

五、课程评价

本课程的评价方式注重形成性评价和总结性评价，注重评价每一名学生参与课程的过程中的态度、方法和合作意识，提高学生的社交能力、分工合作能力、创新能力、组织能力，让同学们对项目学习产生浓厚的兴趣，领略到科技实践课程参与过程中的成功与快乐。同时充分采用评价的主体多元，采用教师评价、学生自评和互评三种方式同时进行，发挥各自的评价功能，使评价更具有实效性。具体的评价方法如下。（见表6-3、表6-4、表6-5）

表6-3　听科学讲座评价量表

评 价 内 容	评 价 结 果		
	自评	互评	师评
1. 积极参加科学讲座的活动课程			
2. 能说出科学讲座课程的主题和相关内容			

（续表）

评 价 内 容	评 价 结 果		
	自评	互评	师评
3. 认真聆听，并敢于提出科学讲座课程的想法和建议			
4. 科学讲座课程记录完整			
5. 科学讲座课程对你个人的认知有一定提升			
6. 对后续学习有兴趣、有信心，愿意主动学习相关内容			
填表说明：A优秀 B良好 C合格 D不合格，请在评分栏打"A、B、C、D"			
7. 科学讲座课程的哪一个环节对你印象深刻？写出环节的内容（或体会）。			
8. 科学讲座课程对你的最大收获是什么，对未来举办科学讲座还有什么建议？			

表6-4 实验课程评价量表

评 价 内 容	评 价 结 果		
	自评	互评	师评
1. 了解实验研究的内容和意义			
2. 设计的实验方案合理和有效			
3. 实验课程中出现的问题，能通过自己的努力来解决			
4. 实验课程过程记录完整			
5. 实验课程的数据会分析			
6. 在实验课程中乐于助人，能够与别人交流合作			
7. 在实验课程得出结论有效			
填表说明：A优秀 B良好 C合格 D不合格，请在评分栏打"A、B、C、D"			
我对科学活动课程还有什么看法？			
我打算以后怎样继续研究我感兴趣的内容？			

表6-5 《科学使用早餐塑料袋》征文作品评价表

设计活动课程开展	评 价 结 果		
	自评	互评	师评
1. 积极参加作品设计			
2. 作品设计主题鲜明			

设计活动课程开展	评 价 结 果		
	自评	互评	师评
3.作品内容和主题统一			
4.语言通顺流畅			
5.作品设计有新意、有创意			
6.作品设计有个性			
填表说明：A优秀 B良好 C合格 D不合格，请在评分栏打"A、B、C、D"			
7.你在设计作品的过程中有什么心得体会？			
8.你对作品设计还有什么看法？			

（撰稿者：吴园园）

设计未来城市

2020年《安徽省深化基础教育改革全面提高育人质量行动计划》中提出，探索基于学科的课程综合化教学，开展研究型、项目化、合作式学习，作为深化课堂教学改革的一种有效方式。小学生作为社会的一分子，除了掌握必要的知识和方法，还应具备一定的运用它们处理实际问题、参与公共事务的能力，这对他们提高公民的责任感，改善生活质量，建设创新型国家，实现国家全面、协调、可持续发展均有重要的意义。

一、课程价值

生活在一座城市，你是否体会到现在的城市有很多的问题，如城市的规划建设落后、交通拥堵、人口老龄化、垃圾处理难题、城市内涝严重等。如果让你来担任这个城市的市长，选择其中一项问题作为挑战，你会想到哪些可能的方案去解决问题？畅想一下，这个城市在你的努力下将会变成什么样子？科学和技术将会在城市的建设中发挥什么作用？

"设计未来城市"的课程就是一种项目学习（PBL）的体验，通过设计未来城市来培养孩子的思维能力、跨学科知识学习能力及动手能力的课程。"设计未来城市"课程从物质科学、生命科学、地球与宇宙科学、技术与工程四个领域，从知识点到科学研究过程均有非常好的契合。孩子们在这个项目里要完成方案创想、实验探究、设计和建造一座模拟的城市，锻炼了工程思维、项目管理、团队协作、写作、动手及展示等多方面的能力。最终，城市的问题得到有效解决，我们的生活更加美好！

二、课程目标

1. 作为小小工程师参与到"设计未来城市"的课程学习中，能说出一座城市的基本结构和存在的问题。

2. 基于项目学习，了解项目管理方法，知道利用科学、艺术、技术、数学、工程学和语文等多学科融合去思考，具备一定的解决问题的能力。

3. 能通过创意论文写作，表达未来城市的设计理念。

4. 能够动手完成简单的物理模型搭建，并流利地表达城市设计理念及问题解决方案。

5. 在团队中能很好地合作学习，与同伴互助交流。既能大胆质疑，采用创新的方法解决问题，又能接纳不同的建议。

6. 了解人类活动对自然环境、生活条件及城市的影响，知道科学技术可以减少自然灾害对人类生活的影响，同时还认识到科技在应用过程中必须考虑伦理和道德的价值取向，了解并热爱自己的城市。

三、课程内容

设计一座未来的城市，并解决某一个指定的城市挑战主题，如规划建设落后、交通拥堵、人口老龄化、垃圾处理难题、城市内涝严重等。

课程整体框架：按"探究认知""能力特训""综合设计应用"三个模块进行，具体的课程安排如下。（见表6-6）

表6-6 "设计未来城市"课程框架表

课　　程	初级（三、四年级）	高级（五、六年级）
探究认知（5课时）	我们的城市	城市布局规划
	城市交通	城市生态
	城市气象	城市水循环
	电从哪里来	未来通信
	城市建筑	城市能源
能力特训（3课时）	思维导图	我是市长
	我是工程师	最强演说家
	创意写作	模型制作
综合设计应用（8课时）	设计未来城市（初级）	设计未来城市（高级）

"探究认知"模块中，使学生对城市规划的相关内容有初步的认识，这一部分会学习有关城市的布局、交通、通信、水循环、气象、建筑特色、能源等多方面内容。在掌握这些知识的情况下，进入第二阶段的"能力特训"，教会学生像工程师那样思考问题，像市长那样解决城市可能面临的困境。同时，掌握创意写作、模型制作、项目管理等多项技能。最后的"综合设计应用"部分，也是课程最核心的部分：根据具体的某一个城市问题，设计一座对应的未来城市，对城市作品进行反思、完善。

四、课程实施

本课程适用于三到六年级，共16课时。6—8名孩子组成一个团队，并给这个团队取个有意义的名字，例如"向阳队""南山队"等。利用周五下午半天、课外活动或周末的时间开展社团活动。前期准备过程中，需要上网学习一定的城市规划知识，并收集一些可回收的材料用作后期模型搭建。课程资源可以参考一些适合儿童阅读的与城市相关的书籍，例如《时光穿梭·趣味历史翻书：我们的城市》《揭秘建筑》系列、《一住一万年》系列等。除此之外，设计未来城市还可以借助像"SimCity"模拟城市的相关软件进行城市模型的虚拟搭建。

第一阶段：界定城市问题

教师引导孩子思考，去我们生活的城市看一看，这座城市有哪些问题呢？可以充分利用网络资源、调查问卷、周边居民采访等多样化的形式去发现问题。接下来，引导孩子进行头脑风暴：如果让你来担任这个城市的市长，选择其中一项问题作为挑战，你会提出多少种解决方案？哪些方法行之有效？选定一个城市问题，开展我们的项目学习吧。

第二阶段：我们的计划

设计未来城市需要完整的项目计划表来帮助孩子们安排和组织整个过程，以提升和指导他们的项目管理能力。计划包括以下四个部分。（见表6-7）

（1）设定目标：描述目标，并思考可用的资源、可能遇到的限制和假设来确保模板可行性。

（2）项目时间计划：时间规划及人员分工。

（3）进度跟进表：监控项目进展并及时回顾目标。

（4）项目反思表：回顾并反思学生的作品及项目执行中的问题，深度思考整个项目，后续还能做哪些工作。

表6-7 "未来城市"项目的目标表

团队的名字：
学校/机构：
指导老师：
我们的项目所用资源：
我们的项目所受限制：
我们的项目假设：
我们的项目目标（列两个以上的目标）： 1. 我们团队会为我们的未来城市成功地创建出一个城市。 2. 3.

为了制作团队的时间表，应该做些什么事情以及依照什么样的顺序去做，下面的指导能带来一些启发。（见表6-8）

第一步：列出需要完成的任务

小组成员通过"头脑风暴"的方式对面临任务进行讨论，并将结果写在卡片或者便利贴上。可以用同样的颜色标记一个成果下的所有分任务，比如未来城市模型构建需要完成的所有任务用红色标记，未来城市演讲展示的所有任务用蓝色标记。根据完成的情况，它们也可以灵活地随着日程的改变而移动位置。

第二步：将任务排序

任务是有一定逻辑关系的，因此需要思考这些任务的顺序，可以采取不同的方式。

第三步：完成时间

预估每一项任务所需时间，并把预估的时间节点写在对应的卡片或贴纸上，这样与实际完成的时间形成对照。

第四步：分派任务

接下来给每个人分派任务。大家根据自己的特长或兴趣，先认领一些任务，有些任务是需要大家共同合作完成的，在商量好的前提下把负责人的姓名写在任务栏上。

第五步：制作日程表

在一张大白纸或黑板上，制作一个大型的日程表并把卡片或贴纸贴在上面，及时更新任务的进度。

表6-8 "未来城市"项目进度跟进表

团队的名字：	
学校/机构：	
导师：	
日期：	
团队成员：	
最近完成了哪些工作？	
目前正在进展的是哪些工作？	
目前的工作预计什么时候可以完成？	
为了保持后续工作良好运作，还需要做哪些？	

第三阶段：活动探究

引导孩子从论文描述、探究认知、能力特训、综合设计应用、模型搭建、成果展示的流程开展活动的探究。

首先确定一个热点问题，然后简要描述你现在的城市，绘制一幅城市的图景。向你的朋友介绍这个城市，指出是哪些人居住在这个城市，描述城市的整体面貌、地形特征、气候和大体布局，指出哪些方面是你的城市的前沿和创新，说清楚是什么驱动你的城市的经济发展，指出你的城市的基础设施中值得注意的或有特色的部分，然后描述你的城市中面临的一个问题。

其次，通过探究认知、能力特训让孩子了解城市的规划基础知识，聚焦城市建筑与结构、城市交通、气候特征、城市能源、给排水、垃圾污染排放、生态环境等多方面的模块知识。

接下来就是给孩子界定一个特定的城市问题，如城市中和人口老龄化相关的问题，让学生使用工程方法来设计创新的解决方案，让生活在你的未来城市中的老年人更加积极、乐观、独立地生活。孩子们有了前面的知识和技能基础，就可以从多元的视角审视一座城市，为处理城市所遇到的问题奠定基础。从项目管理、工程思维、设计思维三个梯度层层对孩子提出能力要求，设立项目目标计划后像工程师、像市长一样思考问题，从住宅、户外空间和建筑、交通出行、社会参与和认同等方面思考如何通过设计解决并改变现状。在这个系列中会引入科学的方法：思维导图、概念图、创意论文写作、模型制作培训、演说能力培养等。

最后，从城市景观、城市建筑、城市市政管线、城市道路交通系统、智慧城市系统等方面，利用城市沙盘、模型制作、游戏虚拟等方法对一座城市进行综合模拟设计。依据观察挖掘分析一系列城市问题，确定每年不同的城市年度主题。在最终设计方案中体现出生态、低碳、智慧的可持续城市问题解决方案。

第四阶段：城市物理模型

孩子根据最终的设计方案来建造未来城市的部分物理模型，模拟展示未来城市，重点突出该城市中哪些区块有效解决了城市的某一个问题，城市的区块用标签注明，至少有一个可活动的部件，体现智慧城市。课程资源来自生活中的可回收材料，如矿泉水瓶、废纸盒、纸杯、旧玩具、泡沫等，这些材料可以提前让孩子收集。模型大小不能超过120 cm×60 cm×50 cm；模型制作费用不能超过1 000元（鼓励创造性使用可回收材料）；模型要求美观、环保、有创意。

第五阶段：城市展示、专家评审

首先，选定一个时间，将每个团队做好的物理模型进行全校展演，各个年级的孩子轮流参观。团队成员在展演的过程中要负责宣传自己的城市，获取更多的投票，根据票数选出一个最具人气奖。其次，参赛团队要进行一个专家评审。邀请城市规划师、建筑师等专业人士作为评委，选择三名孩子作为团队代表完成10分钟演讲，展示他们的未来城市和解决方案，之后有5—8分钟回答评委提问的环节（演讲形式以剧本的形式呈现，表演题材不限。演讲主题突出，问题解决清晰。模型为主要道具，可以使用展板等辅助讲解工具）。

五、课程评价

项目学习的评价关注每一个孩子的个性化发展，以过程性评价、综合性评价为主，设置了积分制评价、展示性评价和评选性评价三种形式。关注孩子的兴趣和创新能力，使孩子们积极主动而心情愉快地参与项目，充分发挥个性特长，提高解决问题的能力。评价是多元化的，包括自评、他评和教师（或专家）评，具体的评价方法如下。（见表6-9、表6-10）

表6-9 "未来城市"课程评价表

	评价内容	评委1	评委2	评委3
项目计划书 （10分）	1. 计划合理、目标明确。 2. 项目进度跟进，按照时间计划来建造、测试、改进，完成目标。 3. 有反思如何做得更好。			
城市描述论文 （10分）	1. 描述了如何解决问题的方案。 2. 说出了你的城市哪里显得特别、面对未来并富于创新。			
城市物理模型 （50分）	1. 出色的城市设计，你的城市看起来很特别、有吸引力。 2. 体现了解决问题的巧妙设计，体现科技。 3. 城市模型中有可移动的部位。 4. 色彩和谐、做工精细、材料环保。 5. 总价不超过1 000元。			
城市展示 （30分）	1. 演讲环节有分工，队员之间相互支持。 2. 有可视化的设备和道具呈现。 3. 演讲主题明确，语言自然流畅。 4. 如果你有机会对演讲中的模型进行改造，能说出是哪一部分及原因。			

总分备注：分为优秀（90分以上）、良好（80—89分）、合格（70—79分）三个等级

表6-10　设计未来城市总体评价表

	评 价 内 容	满分	自评（20%）	他评（30%）	师评（50%）
探究认知	1.能说出一座城市规划的基本知识。 2.能说出至少3种城市面临的问题及相关知识。 3.查阅资料，收集有关建筑规划的知识。	25分			
能力特训	1.能像一个工程师那样分工进行项目管理。 2.具备一定的演说能力。 3.能用文字描述城市的问题及解决方案。 4.能完成简易的模型搭建。	25分			
综合设计应用	1.共同参与制定项目日程表。 2.活动中出现的问题，能通过自己的努力来解决。 3.任务表如实记录。 4.城市问题解决的设计方案合理可行，体现了生态、低碳和智慧。 5.物理模型实用、美观、有创意。 6.演说表达清晰、有感染力。	50分			
整体评价		100分			
总　分					

（一）积分制评价

每个组自主设定一个有创意的队名，每次课针对小组成员的学习态度，课内表现和反应，随机评价。及时记录小组成员的积分，并记录在一张总记录表上，供后期参考。

（二）展示性评价

在"最强演说家""我是设计师""城市模型搭建"等课程中有学生的展示环节，我们会邀请专业的城市规划师对孩子们展示的城市模型进行更专业的过程性评价。

（三）评选性评价

课程关注孩子的个性化发展，因此设置了"最美市长奖""高级工程师勋章""最美丽城市奖""最具人气奖"和"最佳物理模型奖"等奖项，吸引更多的学生参与，采用自评、互评、师评相结合的方式。

本课程是一项有趣的项目学习，通过体验工程设计的方法，让孩子真正意义上实现团队合作。团队越紧密、合作越有效，项目成功的概率就越大，每个孩子都要全身心参与其中，逐渐学会合作、学会学习、学会责任担当，每个孩子在这个课程中都得到了全面的发展。

（撰稿者：项秀颖）

创客微剧场："闻鸡起舞"

《义务教育小学科学课程标准》中明确提出：科学素养是指了解必要的科学技术知识及其对社会与个人的影响，知道基本的科学方法，认识科学本质，树立科学思想，崇尚科学精神，并具备一定的运用它们处理实际问题、参与公共事务的能力。倡导跨学科学习方式。STEM（科学science、技术technology、工程engineering、数学mathematics），是一种以项目学习、问题解决为导向的课程组织方式。

"创客微剧场"就是一个PBL项目制STEAM教育活动。以团队为单位，学生通过项目制的学习方式，结合主题设计并制作一个微型剧场。整个活动非常重视工程设计方法、项目管理以及多维度的艺术创作。最终剧场的设计和成果通过筹建计划书、微剧场物理模型及表演角色、剧场vlog、演出海报、展示答辩五种方式呈现出来。

一、课程价值

创客微剧场框架之下有三个相辅相成的分支。最主要的分支是通过五大项目成果来建造一个微剧场，另外两个分支分别是工程设计方法和项目管理。这个框架赋予了创客微剧场一个真实性的架构，不仅让创客微剧场项目的体验更加精彩，还激发了学生的创造性思维，增强了他们的实践能力，锻炼了他们的团队合作技能，这些经历都将成为他们日后学习和工作中的宝贵财富。

绚丽的舞台呈现新颖的故事，学生通过团队合作，发挥想象创编剧本，积极动手动脑打造舞台，结合主题设计创造一个微型剧场，制作若干会动的机器人，在微型剧场上表演的场景剧，将中华民族传统文化与现代化的手段以及艺术形式融合并通过微剧场的舞台展示再现，这是一件具有挑战性的事情。不仅能提升学生的创新思维能力，更能锻炼他们的综合能力。

二、课程目标

1. 掌握规划设计舞台的方法。

2. 掌握齿轮运转原理及方法，实现太阳东升西落及水车运转。

3. 能够了解指示剂酚酞遇碱变红色，并使用其实现桃林变色的效果。

4. 能合理使用倒流香营造高山流水梦幻仙境。

5. 通过项目制的学习方式，对科学、艺术、技术、数学、工程和语文等多学科知识融合应用，设计、制作一个以"闻鸡起舞"为主题的微剧场。

6. 激发学生的创造性思维，增强实践能力，锻炼团队合作技能。

7. 培养学生分析规划能力、审美能力、注意能力、思维想象能力和创造动手能力，促进学生兴趣爱好和特长的发展，提高学生的综合艺术素养。

三、课程内容

模块一：确定主题

我们的国家安宁祥和，人们过着幸福的生活，衣食无忧。但居安思危，我们从小就应该心存祖国，刻苦努力，学习本领，强身健体，长大后为祖国的繁荣贡献一份力量。古人祖逖勤学苦练、发奋图强的精神激励了一代代人，古时需要，今日强国强军更需要，因此确定我们的主题——闻鸡起舞。

模块二：编写剧本

主题确定之后，进行剧本的编写。剧本是一剧之本，是一切舞台创作的依据。剧本主要由台词和舞台指示组成。对话、独白、旁白都采用代言体；剧本中的舞台指示是一种文字说明，如对时间、地点的交代，对剧中人物的形象特征、形体动作及内心活动的描述，对场景、气氛的说明，以及对布景、灯光、音响效果等方面的要求，同时还要说明角色说话的语气、说话时的动作，或人物上下场、指出场景或其他效果变换等。

模块三：舞台搭建

根据编写好的剧本，进行舞台模型的创建。尽可能利用身边废弃材料建造一个微剧场物理模型以及舞台剧表演角色模型。剧场舞台和表演角色需要和主题密切相关。微剧场模型规格不能超过长90 cm、宽60 cm、高80 cm（可折叠伸展的部分不计入其中），表演角色可以是一个或是多个，但都必须为自制。模型中必须至少有一个可活动的部分，需按照一个恰当的比例建造，且费用预算不能超过1 000元人民币。可以到跳蚤市场和旧货市场里寻找奇特的材料；旧玩具也是很好的建造材料，例如乐高积木、齿轮、组装玩具等；家装公司和装修工人在装修过程中淘汰的材料、废弃或过时的电子设备都可以回收和重复使用，它们或许可以为舞台提供独特的视觉效果。

四、课程实施

本课程适用于五年级学生，共12课时，其中主题确认1课时，剧本编写1课时，规划舞台布局1课时，了解科技运行1课时，微剧场搭建6课时；视频拍摄2课时。学生以分组活动的方式，采用课外活动的时候完成项目。

项目管理方法可以帮助团队更好地推动项目的进展。整个创客微剧场实施的过程分为启发与准备、方案设计、剧场制作、反思评价四大环节，为一个完整的项目周期循环。

（一）启发与准备

活动开始前，请思考一下团队需要用到的资源、活动开展时所受的限制、项目的目标是什么。运用以上信息来制定团队目标，把它们记录在表格中。（见表6-11）

表6-11　团队目标制定表

我们的项目所用资源：
我们的项目所受限制：
我们的项目目标： 1. 我们团队会成功地创建出一个微剧场舞台。 2. 3. 4.

项目资源：是学生调查、设计、创建微剧场过程中所运用到的资源，比如能够提供意见的人、指导老师、团队和学生自己所拥有的技能，家庭和学校能提供的设备和仪器。

项目限制：团队在项目进行过程中所有可能受到的限制。学生只有有限的时间、费用以及专业知识，因此，需要考虑很多问题，比如活动的规则是不是有一些限制？团队是否可达到活动成果的要求？团队的资源是否足以支持团队规模？在表中相应位置写下所受的限制，以及能想到的解决这些问题的方法。

项目目标：描述希望这个项目（而不仅仅是微剧场）所能实现的东西。知道自己所拥有的资源、所受到的限制以及项目假设能够达到的目标，比如在预算之内完成项目、在计划的时间内完成既定的任务、像团队一样工作等。

（二）方案设计

1. 确定选题——闻鸡起舞

2. 根据"闻鸡起舞"整个故事的历史背景和自然环境，确定剧场设计的整个基调是"静"。

3. 创设出能体现"静"的环境，包括星月夜空、高山流水、水车流转、桃林变色等。

4. 依据突出主题的核心理念，创设出"太阳东升""雄鸡唱晓"这两个能体现"闻鸡起舞"的场景。

5. 在剧本创意上，以一个当代小学生作为旁白讲述故事，两个古装孩子演绎情节的交叉方式，诠释出"闻鸡起舞"的精神绵延至今、一脉相承。

6. 在背景音乐的选取上主要考虑三个方面，一是用金戈铁马的战争音乐烘托出故事发生的背景；二是用静谧和谐的音乐以静衬动，凸显鸡鸣；三是用古筝曲把闻鸡起舞的意境推向高潮。

（三）剧本编写

根据设计的方案编写剧本，将整个主题分成"舞台整体、水车运转、鸡鸣舞剑、太阳东升"四个环节来展现，每个环节需完善舞台呈现、拍摄镜头、人物舞台动作及台词设计、配乐、使用科技、时长几个方面内容。具体脚本如下：

1.【舞台呈现】舞台整体

【拍摄镜头】舞台整体——投影星星月亮的夜景。

【人物舞台动作及台词设计】（一现代装女生上）。

【旁白】东晋时期，山河破碎，生灵涂炭。祖逖壮志未酬，愤懑不已，他朗声发誓："若不能平定中原，收复失地，绝不重回江东，绝不重回江东！"

【配乐】金戈铁马的战争背景音乐。

【使用科技】投影星月效果。

【时长】25秒。

2.【舞台呈现】水车运转

【拍摄镜头】拍摄水车运转——祖逖和刘琨捧古书苦读。

【人物舞台动作及台词设计】两个着古装，分饰祖逖和刘琨的学生上，一人手捧书苦读，一人把书背身后，边踱步边背书。

【旁白】祖逖与刘琨感情深挚，都有着建功立业、恢复晋国的远大理想。

【配乐】静谧中有一点虫鸣之类的音乐（能以动衬静的音乐）。

【使用科技】水车在河流中转动。

【时长】10秒。

3.【舞台呈现】鸡鸣舞剑

【拍摄镜头】公鸡从笼中出来，在地上走动并鸣叫——祖刘二人对话。

【人物舞台动作及台词设计】

【旁白】一天夜里，祖逖在梦中听到公鸡的鸣叫声，他一脚把刘琨踢醒。

【祖逖】你听见鸡叫了吗？

【刘琨】半夜听见鸡叫不吉利。

【祖逖】我倒不这样想，咱们干脆以后听见鸡叫就起来练剑如何？

【配乐】延续上面的音乐＋公鸡打鸣的声音。

【使用科技】公鸡走动的同时打鸣。

【时长】25秒。

4.【舞台呈现】太阳东升。

【拍摄镜头】太阳从云层中升起——桃花林层递变色——高山流水潺潺——舞剑——舞台整体。

【人物舞台动作及台词设计】祖逖和刘琨舞剑。

【旁白】三更灯火五更鸡，正是男儿读书时。

黑发不知勤学早，白首方悔读书迟。

古有祖逖闻鸡起舞，封官拜将收复失地。

今有十亿国人齐铸强国之梦，百万雄兵再现华夏军魂。

少而好学，如日出之阳。

壮而好学，如日中之光。

老而好学，如秉烛之明。（最后声音减弱）

【配乐】古筝曲。

【使用科技】齿轮带动太阳升起。

【时长】55秒。

（四）剧场制作

1. 太阳：齿轮推动太阳冉冉升起

让太阳冉冉升起，利用多个齿轮可以实现自动控制。设计三个齿轮联动，带动太阳升起，达到东升西落的效果。

2. 桃林：指示剂变色引桃林层递变红

利用指示剂酚酞遇碱变为红色的原理来设计桃花层递变红的效果，在碱的选择上可以使用挥发性比较强的浓氨水，这样可以在不用接触的情况下，利用分子运动来实现桃林变色。

3. 倒流香：营造高山流水梦幻仙境

清晨的山应该是烟雾缭绕，梦幻似仙境，但是怎么才能有烟雾缭绕的美呢？倒流香由于其在燃烧过程当中产生烟雾，烟含有微粒比空气重，只要室内没有风，同时隔断开燃烧加热的外围上升的热空气，不让热空气带着烟往上升，烟会下沉像水那样由高处流向低处。做一个亭子当作倒流香的香炉，这样就可以实现烟雾缭绕的效果！

4. 电动水车：水车流转创设静谧清晨

青山绿水，有山的地方必然要有水，在山脚下用废旧的矿泉水瓶做一条小河，再在河上搭建小桥。因为小河很短，桥又很长，视觉效果不是很好，可以在河流上搭建水车，需要注意要安装牢固，以防水车在运转过程中卡在小河里。

所需物资表（见表6-12）

表6-12 "创客微剧场"所需物资表

序号	物　品	数　量
1	板材工具包	2
2	彩泥	53袋
3	服装	2套
4	木剑	2把
5	公鸡	1个
6	电动机等	若干

（五）展示表演

三名学生作为团队代表完成5分钟的演讲，展示他们的微剧场舞台，之后是3—5分钟回答评委提问的环节。

学生在日常生活中经常需要和不同的专业人士沟通，能够简洁明了地展示他们的设计也是一种重要的技能。

展示时可以运用其他视觉辅助。除了模型之外，还可以在展示过程中使用箭头标识、展板、可翻页白板纸夹、表演服装、宣传册和传单。

包括模型、服装在内的所有视觉辅助的成本必须控制在1 000元人民币以内，请在比赛开支表中详细列出。

展示答辩环节不允许使用多媒体影音资料，包括笔记本电脑、投影仪、音视频设备等。

五、课程评价

项目学习的评价从"探究认知""能力特训"和"综合设计应用"三个模块进行，以促进学生发展，培养学生兴趣和能力，发挥学生的创造力为目的，通过评价使学生积极主动而心情愉快地参与项目，充分发挥个性特长，提高解决问题的能力。

课程关注孩子的个性化发展，因此设置了"最佳交互艺术奖""最佳舞台效果奖""最佳舞台工艺奖""最佳角色服饰奖""最佳角色表演奖"等奖项，吸引更多的学生参与，采用自评、互评、师评相结合的方式。（见表6-13）

表6-13 "创客微剧场"评价表

	评价内容	满分	自评（20%）	他评（30%）	教师评（50%）
交互艺术	巧妙融合的人机互动装置艺术	20分			
舞台效果	震撼的舞台综合效果	20分			
舞台工艺	舞台制作工艺巧妙，具有独创性	20分			
角色服饰	戏剧角色服装道具恰当协调，效果逼真	20分			
角色表演	戏剧角色动态到位，符合故事情节	20分			
整体评价		100分			
总 分					
备注：总评分为优秀（90分以上）、良好（75—89分）、合格（60—74分）三个等级					

每个单项奖需为本项最高分，且总评分为良好以上。若单项分相同，按总评分从高到低设置。

（撰稿者：张坤）

第四节

"纸"为你来

党的十九大报告提出，加快生态文明体制改革，建设美丽中国，要推进绿色发展，推进资源全面节约和循环利用，倡导简约适度、绿色低碳的生活方式。《基础教育课程改革纲要（试行）》指出：新课程的培养目标应体现时代要求，要使学生具有初步的创新精神、实践能力、科学和人文素养以及环境意识。《安徽省深化基础教育改革全面提高育人质量行动计划》中把"探索基于学科的课程综合化教学，开展研究型、项目化、合作式学习"作为深化课堂教学改革的一种有效方式。

一、课程价值

纸自发明以来，逐渐成为人类发展历程中不可或缺的物品，在记录人类历史进程、改善生活品质等领域发挥出重要作用。随着现代造纸业技术的迭代更新，对森林资源的需求越来越大，废弃纸张所带来的污染呈现越来越严重的趋势。

"'纸'为你来"课程，聚焦环境保护，以未来公民能力培养为主要目标，将少年儿童文化基础、自主发展、社会参与等综合能力的培养融入环保项目式学习课程中去，旨在打破原有的学科界限，将以往分散在不同课程中的环保教育，通过对废弃纸张的回收再利用过程的项目式学习方式，提炼环保主题，打破学科壁垒，进行环保课程整合，培养学生树立环境保护意识，掌握初步的环境保护技能。

二、课程目标

本课程秉承学生发展核心素养理念，结合项目式学习过程，设立以下课程目标。

1. 作为环保小能手，能积极主动地参与"'纸'为你来"课程的学习，能说出废弃纸张对环境造成的不利影响。

2. 基于项目式学习，了解探究方法，学会利用资料收集、实地参观等多种学习方式进行思考，具备一定的发现问题、解决问题的能力。

3. 能够结合调查，写环保习作，表达自己对环境保护的认识和理解。

4. 能够动手制作纸类手工品，并流利表达作品设计的理念。

5. 在小组学习中，能够主动参与，合作学习，既能认真听取意见，又能接受伙伴的不同意见和建议。

6. 了解四大发明之一——纸的起源、我国悠久的造纸历史，以及纸对推动人类社会文明进步的独特意义。

三、课程内容

本课程以"废纸的回收再利用"为主题，关注生活中各类废弃纸品对环境造成的潜在影响。纸作为人类不可或缺的物品，广泛存在于生产、生活的各个方面。但在生活中存在废纸随意丢弃，对城市环境造成视觉污染、自然环境难以降解等问题。课程紧贴少年儿童生活实际，通过项目式学习，培养学生从生活细节处着眼，发现问题、提炼问题、解决问题的能力和创新思维、环保意识。

模块一：纸的起源

通过书籍、网络等收集中国古代四大发明之一的造纸术起源的相关资料，了解纸对人类社会文明进步的巨大推动作用。在探究性学习中，感受中国古代劳动人民的智慧，树立起民族自豪感。

模块二：纸的制造

通过实地参观的方式，走进现代造纸工厂了解纸的制造过程及造纸对于环境所产生的影响，明白节约纸张就是珍惜森林资源、保护环境的道理。

模块三：纸与生活

利用课余及节假日时间调查家庭、学校、商店、医院、社区、工厂等社会生活中各行各业用纸情况，探索生活中节约用纸的方法、策略和途径。

模块四：废纸减量

开展"节约用纸小能手"征集活动，进行废纸回收，统计等工作。培养学生节约用纸的习惯，增强保护环境、节约资源的规则意识和实践能力。

模块五："纸"有我型

利用废弃纸张、纸盒、纸箱等制作纸桥、纸船、纸琴、纸伞等科学探索实践活动，变废为宝，培养学生节约纸张、想象创新、动手实践、美化生活的能力。

模块六："纸"为你来

结合学校"淘宝节"开展纸类手工品交换活动，孩子们将亲手制作的纸艺作品进行分享交换。

四、课程实施

本课程为项目式学习，适用于四年级学生，共14个课时。每6—8名学生组成一个团队，并自主给团队命名，如：梦想小队、启航小队等。利用每周五下午、周末时间开展相关社团主题活动。

第一阶段：选定项目

教师引导学生注意观察，结合在校学习及家庭生活中发现纸有哪些用处。利用网络、调查问卷、走入工厂、社区实地参观、调查等方式去发现纸在环境保护中存在的问题。并引导孩子讨论交流，作为小学生你会怎样处理废弃纸张？有哪些合理的做法和解决方案？选定"废纸再利用"作为环境保护项目式学习主题。

第二阶段：制订计划

（一）课时计划

本课程计划14课时。具体安排为：纸的起源（1课时），纸的制造（2课时），纸与生活（3课时），废纸收集（2课时），"有"我型（4课时），"纸"

为我来（2课时）。

（二）活动计划

"环保小能手"社团成立五个项目研究小组（每小组6名学生），在教师指导下根据课程模块制定对应的活动计划、活动方案。每周利用周五下午半天、周末及假期时间开展社团活动。

第三阶段：活动探究

（一）拓宽课程研究渠道

1. 邀请专家到校指导

邀请环保专家到校开展环保讲座，围绕纸的区别，废纸的处理方式等与纸有关的科普知识。

2. 搭建校内外探究平台

学校与社区、工厂、图书馆、博物馆等建立起校内外协助机制，为学生实地参观、调研等实践活动提供有力支撑。师生共同参与，共同探究，共同交流，实时指导。

（二）开展学生自主探究

1. 自主探究安全保障

制定详细的实地参观活动计划、活动方案，依据活动计划提前告知学生及家长安全注意事项，例如乘车安全、参观路线、突发事件处理流程等。确保每一名学生安全参与活动，安全返回学校。

2. 自主探究方式多样

组织社团研究小组实地参观工厂、社区、图书馆，通过查阅资料、问卷调查，收集相关数据资料，并在小组内分享交流，撰写调查报告，得出目前废弃纸张对环境影响的相关数据。

第四阶段：纸品制作

1. 废纸收集：开展"废弃纸品的收集"活动，让学生紧密结合家庭生活，收集家中旧报纸、废弃包装盒等不同品种的纸张，为下一步利用废弃纸品制作纸质模型做好准备。

2. 师资团队：整合学科资源，召集美术、综合实践等学科教师进行分工合作，教授剪纸、折纸、纸编等基本制作方法，培养学生主动探究、动手实践尝试完成纸质模型的制作，锻炼操作能力、想象力和审美力。

3.作品制作

（1）利用家庭生活中常见的纸杯、纸碗、纸盘、纸箱、硬纸、软纸、海绵纸、牛皮纸、瓦楞纸等作为原材料，自己动手制作富有独创特点的小发明、小创作。

（2）根据作品，撰写简要的设计意图，在学习小组内进行交流互评，并针对互评结果修改完善自己的作品，进一步完善作品设计说明。

第五阶段：成果交流

成果交流主要以课堂成果交流和学校集中性活动交流相结合的方式呈现。学生在纸品制作环节，利用每节课进行成果展示、汇报。结合学校淘宝节，开展纸品交换活动。淘宝节以"厉行节约、诚信交往"为主导思想，以物易物，人人参加。学生在角色体验（如店铺小掌柜、顾客、导购员等）的同时，培养合作能力、组织能力、应变能力、理财能力和创新能力。

（一）宣传阶段

利用晨会的时间向学生宣传本次活动的目的、形式及要求；发放《致家长的一封信》；利用校园内外电子屏来宣传此次活动；班主任老师利用周会课时间把本次活动的目的、形式、可交换纸品的范围告诉学生。

（二）准备阶段

以班级为单位成立淘宝店铺，选出店铺掌柜、工作人员，如管理员、推销员、联络员等，由班主任老师进行适当的技术培训。起一个有个性的"淘宝名称"，如淘宝小栈、快乐商场、爱心超市等。

各班要做好本班的广告宣传工作，要有与众不同的宣传手段。如：怎么吆喝招揽生意？（训练学生语言表达能力）怎样使自己的商品有卖点？（引导学生挖掘商品中除经济价值以外的人文价值）怎样为自己的商品打广告？（设计好商品的广告，让人容易记住）销售过程中面对不同消费者进行讨价还价时的应对技巧，培养学生的营销策划能力（如海报等）。

（三）活动阶段

全校交换时各中队按划分的地点自己选择合适的位置布置本班级的展台；展台和班级布置的原则：温馨不奢华，鼓励孩子动手参与，要有各中队自己的特色。各班级负责活动过程中影像资料的留存。

五、课程评价

评价是课程实施的重要环节。"'纸'为你来"课程评价分别从评价原则、评价实施、评价等级三个层面予以实施。

（一）评价原则

本课程按照评价主体多元化、评价方式多样化原则实施评价，尤其重视过程性评价与结果性评价相结合。充分发挥评价对于学生学习兴趣的激发、学习方式转变，学习结果完善的功能作用。

（二）评价实施

1. 教师对学生的评价。学生参与课程之前，教师帮助他们建立起评价的标准，这些标准不但包括对内容和技能的评价，还包括协作能力、创造能力、参与性等各个方面，教师的评价为学生做出示范，使学生逐渐领会评价的内容、方法和形式，为学生进行主动的自我评价做好准备。

2. 学生之间互相评价以及学生对自我进行评价。充分相信学生的能力，将评价的主动权交给学生。在纸品制作环节中常采用小组协作学习，各小组成员可以相互评价在制作过程中的参与性、创造性、情感态度等，班级同学也可以对其他同学的作品进行点评。

3. 重视学生的自我评价。学生评价自己在手工制作过程中的强项和弱项，评价自己已经学到的内容，同时记录下自己的学习过程，在和其他学生的手工作品比较后，对自己的作品进行反思以及进行创造性的修改。

（三）评价等级

根据各阶段目标，制定评价标准，重点对学生主体性发挥、技能掌握、创新意识、环保意识等实施评价。评价以等级制方式呈现，分别为优秀、良好、合格三个等级。（见表6-14、6-15）

表6-14 "'纸'为你来"学生情况评价标准表

等级项目	评价要点	个人评价	同学评价	教师评价
纸的起源	能积极参与，并通过校内外资源，了解纸的相关知识。			
纸的制作	能掌握纸类手工品制作的方法和技能。			

等级项目	评价要点	个人评价	同学评价	教师评价
纸品交换	能说明自己设计的理念，并乐于与同学交换分享。			
创新情况	作品设计及制作有独特的创意。			

我这样评价自己：

_____

同伴眼里的我：

_____

老师的话：

_____

1. 本评价针对学生课堂表现情况作评价。

2. 本评价分为定性评价部分和定量评价部分。

3. 定量评价部分为个人评价、同学评价和教师评价，等级分别为优秀、良好、合格。

4. 定性评价部分为"我这样评价自己""同伴眼里的我"和"老师的话"，都是针对被评者作概括性描述和建议，以帮助被评学生的改进与提高。

表6-15 "'纸'为你来"——淘宝节课程评价表

最佳小掌柜		
序号	店铺交易量	签字
1	交换	
2	交换	
3	交换	
4	交换	
5	交换	
6	交换	
7	交换	
8	交换	
9	交换	

　　根据学生在活动中的表现，以印章形式及时评价学生，最终以队员得章数或以物换物所得物品数、店铺交易量，从高到低评选出各年级"最佳小掌柜""最佳导购员""最佳推销员""最佳店铺"各一个，班级"最佳淘宝员"各5名，活动结束后一周内统一颁发奖状。

（撰稿者：章崇远）

第七章

服务学习是一种体验式学习。在校园里，我们设立小动物值日岗、班干部竞选等；走出校园，我们走进社区、社会福利院，走进大自然、博物馆、工业园等地。孩子们在服务他人、保护大自然的学习中，充分感受人类通过劳动创造的美好生活，感受自然的神奇、人类文明发展的伟大与自豪感，拉近了社会与儿童的距离。

服务学习：拉近社会与自我

服务学习是一种体验式学习，学生通过参加有组织的服务活动促进自身的学习和发展，同时满足社区和社会的需要。服务学习的过程中，伴随着反思服务活动。[①]学生在反思中获得对课程内容更深的理解，对学科的理解和对公民责任感的提升。

当前，学校服务学习主要有校园服务学习、社区服务学习、社会公益服务等多种形式。

西园新村小学北校对服务学习的探索已经有数十载，积累了一定的实践经验。如"小动物值日岗"，学生以志愿者的身份，开始自己的校园服务学习。各班级各服务学习团队走进社区、走进社会福利院等地，为需要帮助的人群做力所能及的事情。学生走进大自然、走进博物馆、走进工厂矿山等地，在服务他人、保护大自然的学习中充分感受自然的神奇，感受人类文明发展的伟大与自豪，感受人类通过劳动创造的美好生活，感受人们在社会大集体中所承担的社会角色与价值。

服务学习的评价主要采取学分制的形式进行。评价时，教师作为组织者，多渠道、多角度地了解学生服务学习的情况，力求达到给予学生服务学习效果的客观评价，并给予服务学习"学分"奖励，促进学生全面发展。

服务学习强调课程学习与服务实践并重，注重结构化反思活动。学生在该课程学习中不断提升自身素质，如做事的效率、人际沟通能力、社会责任感及未来投身社会服务的意识等。总之，服务学习是落实立德树人根本任务的有效途径之一。

（撰稿者：王建民）

---

① 蔡映辉，刘祥玲.服务学习课程的设置与管理研究［J］.江苏高教，2019（11）：69-73.

班级服务：我是班级小主人

教育家陶行知先生一生致力于"生活教育"，"生活教育"的核心是"生活即教育"，生活教育是生活所原有，生活所自营，生活所必需的教育。1996年，联合国教科文组织发布了德洛尔报告——《学习：内在的财富》，提出了21世纪新的教育理念：教育要围绕"学会求知、学会做事、学会共处、学会做人"这四项基本学习进行组织安排。在学校开展服务教育，既对求知有促进，也对自己与他人、与社会的关系有考量。觉醒了服务意识的学生个体，将有利于做事、共处，也能做好人。

2019年国务院出台了《关于深化教育教学改革全面提高义务教育质量的意见》，要求"深化课程育人、文化育人、活动育人、实践育人、管理育人、协同育人"，"打造中小学生社会实践大课堂"。新时代的小学生，作为未来中华民族伟大崛起的重要力量，要积极参与到社会生活中来。这就要求教育工作者，一方面把学生成长放到经济社会发展的大局中去考量，另一方面将班级与经济社会发展"半联动"，一定程度上容纳为微型社会。

一、课程价值

班级作为学校教育的具体载体，具体履行学校的社会职能，在服务教育的培养中是主平台。班集体的共同愿景、发展目标、组织结构，相当程度反映在班级服务的具体开展之中。班级通过开展服务教育，例如岗位设置、竞争参与、合作互动、品评表彰等，将社会关系中的规则折射进来，促进学生社会化的发展。

针对适龄小学生（三至六年级），经过了解、培训、选拔、实习、上岗等环节，通过学生体验班干过程，鼓励学生主动参与班级活动，并且在力所能及的范围内用自己的劳动给他人和班级提供帮助。这样既点亮了学生的新技能，又增强了学生的服务意识，让社会责任感入心入脑入行，着力培养学生养成健康稳定的心理。

二、课程目标

（一）初步了解班级运转的规则以及岗位设置，明确班级各个岗位的基本职责。

（二）通过分析自己特点，撰写竞选稿，竞争人岗相适的岗位。一方面体现竞争上岗的公平公正性，另一方面也提高学生的口头表达能力，增强了学生的自信心。

（三）了解班级各岗位的服务内容，找到合适的服务方法。要敢于突破，善于创造。

（四）在班级服务中，体验到班级管理的不易和辛苦，了解社会运行的复杂和有序，学会理解和感恩。

（五）在体验过程中学会责任担当，学会问题解决，学会与班级同学友好相处，从而更严格地要求自己，从体验中获得服务他人的幸福感。

三、课程内容

本课程以"我为班级服务，争当班级小主人"为主题，共分为六个模块。

模块一：班级岗位，我制定

全班学生参与岗位制定，每一学年开始时设定一次。随着年级升高，岗位职责及服务的要求也随之提高。三、四年级时，学生要逐步学会自己制定班级服务岗位；高年级时，学生学会岗位服务的修订、完善，鼓励设置个性化岗位。

模块二：班级服务，我来选

坚持公开、公平、竞争、择优的原则，努力给学生提供一个可以让他们展示自己能力的舞台和机会，着力培养学生养成健康稳定的心理，让学生学会学习、学会合作，使学生正确认识自己、发展自己。在这一原则的支持下，学生根据自己的实际情况，通过自主报名，撰写演讲稿并在班级演讲竞选自己心仪的岗位，从而更好地为班级服务。

模块三：班级事情，我来做

明确班干部职责，责任分工到人。

竞选上岗的同学在各自岗位上实习一个月，遵从"班级公约"认真履行自己的工作职责。接受老师和同学们的监督，有不会的或处置不了的情况，及时向班主任请教。

中队长：负责班级中队委的管理工作，同时中队长也是协调班级和学校工作的桥梁，及时向班主任传达学校工作安排，协助班长制定班级工作计划和总结。

班长：当好老师的小助手，负责班级全面工作，开学初制订工作计划，学期结束制定工作总结。定期召开班委会，一周要主持召开一次班会，做好班委会会议记录。作风要公平公正，积极帮助班级同学，带头为树立良好班风努力。

副班长：是班主任的小助手，也是班长的合作伙伴。协助班长做好班级各项工作。班长请假时，副班长可代为履行班长职责，行使班长权力。

学习委员：班级学生学习的榜样，学习上能起模范带头作用，组织班级学生开展各类学习活动。如果班级有学习困难的同学，学习委员有义务组织成立学习帮扶小组（学习共同体）。学习委员要课堂发言积极，作业书写工整，能带领班级形成良好的学风。

劳动委员：负责班级职责区劳动安排并及时反馈信息，带领和督促值日同学每天按时完成班级卫生值日。劳动委员要不怕吃苦，每周卫生大扫除都要参与，直至班主任检查合格方可离开。

体育委员：体育方面表现突出。负责组织开展班级各项体育活动，积极带领并组织班级同学参加学校的各种体育比赛。记录体育课上学生的上课情况，及时反馈给班主任老师。特别是，体育委员要负责每年的跳绳比赛前期的准备工作，组织同学们进行跳绳打卡等。

宣传委员：具备一定的宣传能力。定期做好班级室内外展板的布置工作，做好学校各项活动的宣传工作。每学期开学之初，要提前到班级协助老师做好班级布置，迎接新学期。

纪律委员：保持自律，遵守纪律，同时在班主任的领导下，协助班长负责班级纪律情况。负责处理课堂纪律、自习纪律及迟到、早退、旷课等方面的违纪现象。

图书管理员：负责班级图书管理工作，严格执行班级图书管理制度，协助班主任管理好图书角。每天放学要简单整理完图书才离校；周五进行图书的详细检查与整理，并及时向班主任汇报图书的保管情况，以及同学们的借阅情况。

绿植管理员：具备一定的养护花草知识，负责班级绿植等养护工作，带领大家一起学习了解植物知识，培养爱绿护绿意识，做好绿化环境的小主人。学期末组织同学们将班级绿植带回家养护，开学再提醒大家带回。同时检查并记录假期中绿植的养护情况，提出养护好的同学名单。

带读班长：声音洪亮，吐字清晰，要在家提前做好朗读的预习工作。带读当天提前到校，负责带领大家朗诵，做好示范引领。

各科课代表：负责本学科的作业布置及收发。各科课代表除了做好本职工作以外，要随时向班主任汇报同学们各科作业完成情况，以便班主任及时掌握班级学生学习动态，合理化布置作业。

各科小组长：负责认真及时收发作业本，清点作业数量，检查同学预习、背诵情况，并向课代表反馈本小组的作业完成情况。

模块四：自我反思，促成长

一个月的实习期结束，班级实行双向选择，每个服务者先自我反思，总结班干体验活动中遇到的烦恼、自己的困惑以及收获。可以在班会交流心得，认识自己的不足，学生在交流中思想的火花得以碰撞，互相取长补短，为后期的班级服务打下坚实的基础。

经同学们举手表决，工作认真负责的同学持证上岗，继续为大家服务。个别同学如果觉得自己能力有限，或者与自己个人学习任务有冲突，可以申请辞职。对于实习期工作不认真，只是流于形式的班干，班主任可以个别谈话，指出问题所在，再给一个星期的改正时间，如没有明显变化就免去班干职务。

模块五：服务之星，你来选

一学期结束，班级所有班干参与"服务之星"评选。可以从竞选参与、服务事项、技能学习等方面进行学生自评、组内互评、班干集体评价和老师评价，综合打分评选出班级优秀的班干"服务之星"。同时实行末位淘汰制，20星以下的班干在第二学期待岗学习。

一学年结束，班级获得"服务之星"的同学可优先参评学校"六一评优"活动等。

模块六：班干轮岗，树新风

班级的管理离不开老师的指导和班干部的合作，更离不开全班同学的主动参与。通过体验和观察，每个学生都将体会到在班级作用发挥的重要性，进一步调动他们的主动性。做好班干部轮岗制，有利于学生转变思维，从被动服从变为主动进取，激发学生的进取心，发挥潜能追求自身发展。

三、四年级学生，可以实行每天两位同学互相配合轮流当一天班长，履行班长职责，学会换位思考，体谅别人工作的不容易，今后也能更好地配合班干管理。

五、六年级学生，可以是一个月进行一次班干的轮岗。轮岗从中队长到小组长，按顺序进行。比如中队长轮岗班长，班长轮岗副班长，以此类推，小组长轮岗中队长。轮岗结束后，撰写心得体会文章，优秀文章张贴在班级学习园地上。

以上各模块课程内容与课时安排视实际情况灵活处理和安排。

四、课程实施

本课程适合三至六年级，每个年级所有学生本着自愿原则都要选择一个班级服务岗位，完成六个模块的课程，本课程分年级达标程度有所不同，此课程折合课时约15课时。

课程资源包：相关教材、文明礼仪、班干部竞选词范本、展板、《小学生守则》等。

（一）三年级

模块一：班级岗位，我制定

三年级的学生，虽然有一、二年级的班级学习活动基础，但是考虑学段较低，让他们制定班级岗位难度较大。班主任可以召开班会，由班主任提供班级所需岗位，经过全班同学商量讨论并举手表决，确定哪些岗位适合本班级。

模块二：班级服务，我来选

三年级学生，鼓励自主报名，积极参加班干竞选。重在锻炼学生的自主能力，提升自信心。

模块三：班级事情，我来做

三年级刚刚进入中年级，学生的管理能力和自我认知能力还比较欠缺，在班干服务过程中班主任老师要多加扶持，多指导，多鼓励。让小班干尽快适应自己的岗位。

模块四：自我反思，促成长

班干任职初期，能明白自己工作的重要性。在工作中，能认识到自己工作的不足，遇到问题善于向老师、同伴请教。

模块五：班级之星，你来选

班级每个月开展一次"服务之星"评比，评选出"服务之星"，进一步调动学生的工作积极性。所有班干名字打印出来张贴教室墙上，根据日常表现，及时在姓名后面贴小红花。一个月总结一次，按墙上小红花数量总和进行评比。其中前十名为班级"服务之星"。

模块六：班干轮岗，树新风

作为中段的三年级学生，可以轮流当值日班长。在班级班干正常工作的同时，每天两位同学轮流当值日班长，协助班长和副班长共同管理班级。

（二）四年级

模块一：班级岗位，我制定

四年级学生，可以尝试自己设置班级岗位。班主任参与讨论，协助修改，并最终确定班级岗位，基本形成"班级小主人"架构。

模块二：班级服务，我来选

提前宣布班级岗位名称，学生自由选择报名参加，竞选的发言稿可由家长协助完成，演讲竞选结束由班级同学举手表决选出服务班级的班干。

模块三：班级事情，我来做

学生严格按照班级公约，认真履行自己的班干职责，班主任可尝试放手让学生自己处理班级事务，适当做好监管。

模块四：自我反思，促成长

实习期结束后，每人要在班会课上口头进行自我总结与反思，听取班级同学的合理化建议。

模块五：服务之星，你来选

四年级荣获"服务之星"的同学，可先在期末班会课上口头总结本学期自己的工作，再经同学们举手表决，超过半数可当选班级"服务之星"。

模块六：班干轮岗，树新风

四年级同学，可以继续进行值日班长轮流制。在班级班干正常工作的同时，每天两位同学轮流当值日班长，协助班长和副班长共同服务班级。同时在班长的指导下学会填写班级日志，记录当天班级各项工作情况。

（三）五年级

模块一：班级岗位，我制定

五年级的岗位设定，可由上一任班委会成员商议、修改。拟成初稿交由班主任审议，并在班会课商议，经全班同学评议，最终确定新的班级岗位。

模块二：班级服务，我来选

学生自由选择报名参加，自己撰写演讲稿，演讲竞选结束由班级同学无记名投票选出服务班级的班干。

模块三：班级事情，我来做

班干除了自己本职工作之外，可以尝试组织班级活动。如中队长和班长可以配合主持召开班队会。但是每次活动都必须提前向班主任提交申请，得到批准方可进行。

模块四：自我反思，促成长

实习期结束后每位班干提交一份书面反思与总结。利用班会开展班干的自我反思会，听取班级同学的建议，更好地完善自我。

模块五：服务之星，你来选

可一学期评选班级"服务之星"，除了班级同学的选票外，各科任课老师的评价也列入考核中。

模块六：班干轮岗，树新风

五年级时，班干可以进行双向选择，班干之间可以互换岗位。通过互相学习，大家取长补短，感受新岗位的挑战和乐趣。

（四）六年级

模块一：班级岗位，我制定

六年级时，很多同学都参与过班干工作，对岗位设置也了然于胸。作为毕业班的同学，这时重在创新。可经班会讨论，在原有岗位的基础上，增设适合毕业班的特殊岗位，以做好小升初的衔接工作。

模块二：班级服务，我来选

班级前任宣传委员制作班级岗位竞选海报，前任班长和副班长做好报名同学的登记工作。分时间段安排相关竞选同学进行演讲。新一任班委会成员选出，要做好班委会新旧交替工作。

模块三：班级事情，我来做

班级学生明确人人都是班级服务者，人人都是班级小主人，每个人做好自己分内事的同时还要为他人、为班级自觉做力所能及的事，班级逐步实现不需要"管"的状态。

模块四：自我反思，促成长

六年级时，班干可直接上任，但是需要一个月提交一篇简短的工作反思，并能对班级工作提出合理化建议，突出创新思维和方式。

模块五：服务之星，你来选

六年级学生已经比较自觉，工作状态和能力都比较稳定。可淡化常规评选，重在表扬，鼓励为班级出谋划策的班干。设立班级贡献值和"金点子"，通过贡献值累计和"金点子"数量，一学期评选一次"金点子服务之星"。

模块六：班干轮岗，树新风

六年级是向初中的转型期，可尝试让学生进行班干轮岗，从中队长到组长进行阶梯式轮岗，体验不同的服务岗位，挖掘自己的潜能，努力提升自我，以便以后更好地为他人服务、为社会服务。

五、课程评价

班级班规的落实需要充分发挥班干部的作用，做到"大事有人管，小事有人理"。班干部评价侧重于服务班级运转，协助老师做力所能及的事。成为一个优秀的班干部，大体上要经过发现、培养、发挥作用等阶段。

"我是班级小主人"课程采用多种评价方式相结合的方式，要将过程性评价和结果性评价结合起来，发现和发展学生多方面的潜能，了解学生发展中的需求，帮助学生认识自我，建立自信，激发学生参与活动的热情。

（一）学分制评价

各个年级的学生在课程的参与过程和收获成果上进行评价，具体根据六个模块完成情况采用学分进行评价，每个项目根据课程内容有对应的项目评

分细则，学生完成即可得相应学分。累计最终学分。（见表7-1）

表7-1 "我是班级小主人"课程学分制评价表

评价项目	评 价 细 则	学 分	是否完成
模块一	能够自己制定班级岗位	10	
模块二	能写出条理清晰的竞选稿	10	
	普通话规范、清晰	10	
模块三	积极履行工作职责	20	
	能大方与同学友好相处	10	
模块四	能正确反思自己的工作问题，并及时整改	15	
模块五	为班级服务出谋划策	10	
模块六	积极配合班级班干轮岗	15	
合计完成学分：			
我还想说……			

（注：100分。优秀：90分以上；良好：70—89分；合格：60—69分；继续努力：60分以下）

（二）评选性评价

课程围绕"我是班级小主人"开展一系列评选活动，评选出"最佳竞选者""班级服务之星""最贴心小主人""最勤劳小主人"等，增强学生完成任务后的成就感，激发学生参与活动的热情。评选方案随着年级层层递进，环环相扣，有明显的梯度。

（三）展示性评价

对课程活动评比中产生的"服务之星""最贴心小主人"等优秀班干，将他们的个人事迹海报张贴在班级荣誉墙上，同时在家长群中予以表扬。

（撰稿者：李双）

校园服务：红领巾志愿者

2018年9月，习近平总书记在全国教育大会上指出："要在学生中弘扬劳动精神，教育引导学生崇尚劳动、尊重劳动，懂得劳动最光荣、劳动最崇高、劳动最伟大、劳动最美丽的道理，长大后能够辛勤劳动、诚实劳动、创造性劳动。"2019年6月23日，《关于深化教育教学改革全面提高义务教育质量的意见》指出："构建德智体美劳全面培养的教育体系，健全立德树人落实机制。""加强劳动教育。充分发挥劳动综合育人功能，制定劳动教育指导纲要，加强学生生活实践、劳动技术和职业体验教育。""学校要坚持学生值日制度，组织学生参加校园劳动，积极开展校外劳动实践和社区志愿服务。"劳动与社会实践能力对学生的成长尤为重要。校园服务能力要从小培养，让学生能够在学校里养成为他人服务的能力。开展校园服务课程，可以让学生主动积极地参与学校管理，把校园打造成学生社会实践的平台。

一、课程价值

学生是学校的主体，是学校的主人翁，是民主化学校建设的一股重要力量。在现在社会体系和教育制度的建设中，学校需要明确学生在学校管理过程中所发挥的作用，开发校园服务课程，充分体现教育公平化、民主化，培养学生从小树立主人翁意识、服务意识，提高自我管理能力。

本课程的理念是让适龄的学生在通过推荐、培训、上岗，全面参与学校各项管理服务，在校园服务的过程中培养自我管理到志愿服务的能力，树立主人翁意识和责任意识。通过一系列贴近学生实际，有严密逻辑关系的校园服务训练课程，既能增强学生对校园服务意识的培养，又能很好地实现锻炼自我管理的能力。让红领巾志愿者在其中既保持了学习的乐趣，又能发现不足、自我反思、自我激励。

二、课程目标

1. 初步了解学校每日常规管理细则、图书馆借阅制度，明确岗位职责及岗位要求。

2. 通过该课程的学习，能够积极主动参与学校每日常规管理、图书管理，懂得养成良好行为习惯的重要性。

3. 开展各种校内外活动，加强红领巾志愿者对校园服务能力的培养，从小树立奉献服务意识及团队合作能力。

三、课程内容

本课程以《小学生守则》、学校日常常规管理细则为依据，以红领巾志愿者实践为主题，设置"小动物值日岗""小小图书志愿者"两项服务课程，各分为三个模块。

（一）"小动物值日岗"

模块一：校园服务，我参与

学生认真学习《小学生守则》，由学校德育处每学期在三至五年级各班开展小动物值日岗动员及招募工作，班级学生及班主任推荐名单，确定红领巾志愿者。

模块二：学习管理，我能行

学校德育处组织安排培训，开展小动物值日岗技能培训各类讲座，了解小动物值日岗服务内容项目，明确服务要求。志愿者学习岗位服务中的语言技能、基本要求、突发事情处理方法等。

模块三：岗位工作，有收获

针对红领巾志愿者在小动物值日岗位中的表现，每月开展一次"值日岗分享会"，组织红领巾志愿者分组开展交流"工作心得""我的烦恼""我的建议"等，以此来进一步加强值日岗员的责任心，努力打造一支乐于奉献、服务他人的红领巾志愿者"值日岗"团队。

（二）"小小图书志愿者"

模块一：争当图书志愿者

由学校德育处每学期在四年级各班开展图书志愿者动员及招募工作，班级学生及班主任推荐名单，确定参与人员，利用学校集会，宣读全校"小小图书志愿者"名单，颁发聘书。

模块二：图书管理，我能行

学校图书馆负责安排培训，开展图书管理技能培训及各项讲座，了解服务内容项目，明确服务要求，学习语言表达、基本要求、突发事情处理等。

模块三：岗位工作，有收获

每月开展一次"图书志愿者分享会"，交流"工作得失""我的困惑""我的建议"等，以此来进一步加强图书志愿者服务的责任心，努力打造一支乐于奉献、服务他人的"图书志愿者"团队。

以上模块课程与课时安排可以结合学校实际工作灵活处理。

四、课程实施

要让学生参与管理，首先是了解学校管理的细则，由各班级组织全体学生完成问卷调查，学生可以通过观察、采访等形式，完成问卷，初步了解学校不同岗位工作人员的具体服务情况。

（一）"小动物值日岗"

"小动物值日岗"适合三至五年级学生，根据前期问卷完成情况、学生的参与态度，由班主任在班级民主投票后遴选岗位名单报学校德育处。利用学校集会时间，在全校宣读红领巾志愿者——小动物值日岗名单，发放小动物值日岗聘书。

本课程共8课时，其中包含集中培训及户外实践。在实施过程中，以学生活动为主，辅导教师主要工作是记录学生活动情况。

第一阶段：准备与计划

德育处开展动员与宣传工作，各班级将民主推荐与选拔志愿者名单上报至德育处。

准备一间活动室，集中红领巾志愿者，分成若干小组（确保每小组都有三至五年级学生），讨论明确小动物值日岗工作的作用及意义。

红领巾志愿者小组推荐组长，由组长带领组员对值日工作进行明确分工，完成计划表，梳理工作责任与职责。（见表7-2）

表7-2　计划表

组　长	组员名单	人　数	上岗准备
岗位名称	服务时间	服务责任	服务注意事项
标识岗			
校门岗			
南北楼梯岗			
操场岗			
课间岗			

第二阶段：指导与交流

德育处负责教师就前期计划表的内容进行相关指导，补充岗位工作的内容，各组红领巾志愿者交流意见，组长明确本小组岗位名单。

第三阶段：实践

实践是最重要的环节，由于红领巾志愿者人数较多，初期上岗的指导十分重要，学校将从六年级聘请若干学生（参加过小动物值日岗）作为每个小组的队长，对每天的岗位服务工作进行指导，帮助红领巾志愿者尽快成长。

队长要将红领巾志愿者在服务岗位工作中遇到的问题进行记录，并收集整理。

岗位工作中如遇到不能解决的问题，要第一时间找相关老师处理。

第四阶段：分享与反思

每一小组红领巾志愿者将自己在岗位服务中的收获与感受记录下来，可以利用绘画、手抄报、照片等形式，在本组内交流与分享，反思岗位服务中出现的问题。后期在校园展板区域展示作品，利用这种方式既肯定与鼓励红领巾志愿者的服务，又能让全校师生对服务岗位工作有深入了解，进而支持他们的岗位服务工作。

（二）"小小图书志愿者"

"小小图书志愿者"适合四年级学生，根据前期问卷完成情况，学生的参与态度，由班主任在班级开展民主投票，遴选名单报学校德育处。利用学校集会时间，在全校宣读图书志愿者名单，发放服务聘书。

第一阶段：了解与学习

由学校组织图书志愿者走进西园新村社区图书馆、合肥市图书馆，初步了解图书馆工作的意义，学习图书管理的基本方法。学校聘请校外图书馆辅导员每月开展一次图书馆知识课程。

第二阶段：分工

图书志愿者小组推荐组长，由组长带领组员对图书服务工作进行明确分工，完成计划表，梳理工作责任与职责。（见表7-3）

表7-3 计划表

组　长	组员名单	人　数	上岗准备
图书服务	服务时间	服务责任	服务注意事项
借书员			
还书员			
整理员			
分类员			
修补员			

第三阶段：实践

图书志愿者参与学校图书管理工作，协助班主任制定班级图书借阅制度，制定班级每学期阅读计划，推荐必读书目、选读书目。

第四阶段：分享与反思

每一小组图书志愿者将自己在岗位服务中的收获与感受记录下来，可以利用绘画、手抄报、照片等形式，在本组内交流与分享，反思岗位服务中出现的问题。后期在校园展板区域展示作品，利用这种方式既肯定与鼓励图书志愿者的服务，又能让全校师生对服务岗位工作有深入了解，进而支持他们的岗位服务工作。

五、评价标准

校园服务课程的志愿者服务评价采用表格式记录汇总，对成员评价采用学分制。以小组为单位，评价采用两组数据进行统计，一组是教师评价，利用平时观察记录学生表现，给予评分，占40%；一组是学生评价，通过组内互评互议给予评分，占60%。（见表7-4、表7-5）

表7-4 "红领巾志愿者"小组评价表

"红领巾志愿者"小组评价表			
组　　长		成　　员	评价：（0—5分）
团队协作	组员分工明确		
	小组讨论交流积极		
	遇到问题不推诿		
	小组成员关系融洽		
服务过程	认真对待服务工岗位，履行岗位职责		
	积极处理问题及解决问题		
	懂礼貌、为人热情，态度认真		
	遵守岗位纪律，配合学校工作		
总　　分			

表7-5 "红领巾志愿者"成员互评表

"红领巾志愿者"成员互评表				
姓名：	班级：			均　分
评价标准	成员1	成员2	成员3	……
积极参与讨论与交流（0—15分）				
主动帮助小组成员（0—15分）				
服务工作尽职尽责（0—15分）				
为服务工作出谋划策（0—15分）				
总　　分				

说明：两张表格合计总分90—100分为优秀，80—89分为良好，60—79分为合格，60分以下为不合格。

（撰稿者：丁园园）

第三节

社区服务：重返幼儿园

"责任担当"是当代中国学生发展的核心素养之一，在小学阶段具体表现为"具有积极参与学校和社区生活的意愿"。社会服务属于综合实践活动课程的"四大领域"之一，是指学生在教师的指导下，走出教室，参与社会活动，以自己劳动满足社会组织或他人的需要，如公益活动、志愿服务、勤工俭学等，它强调学生在满足被服务者需要的过程中，获得自身发展，促进相关知识技能的学习，提升实践能力，成为履职尽责、敢于担当的人。[①]

教育理论的本质是促进人的社会化进程。教育从来都是与社会联系在一起的。对于小学生而言，其社会服务的实践范围以学校、居住地所在社区为主。学校应树立大教育观，积极开发利用社区资源，全方位、多渠道对学生产生影响，开展"社区服务"，充分发挥学校、社会和家庭的育人功能。

一、课程价值

教育是构建和谐社会的基础，学校是教育的主阵地，也拥有充足而又重要的教育资源，理应成为和谐社会建设的先行者和承载者；而丰富的社区资源是实施素质教育的有力增长点，也是促进教育改革的力量源泉，更有力提升教育水平。"现代教育是大教育"，以学校教育教学为主阵地，以服务社区活动为平台，学校和社区相互融为一体，利用双方共享的丰富资源，积极开

---

① 仲建维.综合实践活动课程之"社会服务"：内涵、价值与实施［J］.基础教育课程，2017（23）：16-20.

展学校社区的共建活动，有利于维护社会稳定、提高居民生活质量，促进学校和社区的共同发展。其课程价值主要有三。

一是培养学生树立为他人服务的理念。通过重返幼儿园的社区服务课程，培养关心他人、热心公益、为需要帮助的人提供帮助和服务的意识，增强社会责任感和适应社会活动的能力。

二是增强学生体验劳动获取的快乐。通过重返幼儿园的社区服务课程，可以在劳动过程中体验劳动的辛苦与付出，体验劳动后获取的快乐，形成正确的劳动观，培养爱劳动的真实情感。

三是激发学生将课堂知识和社区实践进行有效结合。通过重返幼儿园的社区服务课程，接触到课堂上从未学习到的新知识和从未体验过的新情境，从而激发学生的求知欲，自觉主动地将课堂知识和社区实践有效结合，直至融会贯通。

二、课程目标

1. 了解幼儿园工作人员的职业信息，初步掌握幼儿园服务的职业技能。

2. 通过课堂活动体验与小组讨论，完成个人幼儿园服务分工选择，培养对多元化幼儿园服务分工选择的开放性态度，培养自主选择的意识和能力。

3. 通过参与一个自己感兴趣的幼儿园服务分工，培养关心他人、热心公益、积极为需要帮助的人提供帮助和服务的意识，增强社会责任感和适应现代社会活动的能力。

三、课程内容

以小学生"劳动教育"以及"服务他人与社会"为主题，共分为五个模块。

模块一：活动计划，我了解

"我的幼儿园服务分工兴趣"：分享自己的业余兴趣爱好，了解这些对自己幼儿园服务分工选择的影响。

"我的幼儿园服务分工能力"：了解自己初步具备的幼儿园服务分工能力，分析自己的幼儿园服务分工能力，探索其他可能形成的幼儿园服务分工能力，理解能力间的迁移。

"幼儿园服务分工细细看"：培养资料收集、整理的能力，描述自己感兴趣的工作领域及原因，了解自己感兴趣的幼儿园服务分工下的工作环境、内容与形态。

"我与幼儿园服务分工来配对"：了解自己感兴趣的幼儿园服务分工的发展方向、从业人员的日常生活以及对从业人员的相关要求，对照自己的幼儿园服务分工价值观、兴趣和能力，了解自己与不同的幼儿园服务分工的适配度，填写个人幼儿园服务分工档案的基本信息。

模块二：活动服务，我参与

"如何跨出第一步"：能够了解社区服务职业目标分解法的概念和用途，根据自己的现状，确定一个可在一周内完成的小目标，讨论达成方式。

"如何走好每一步"：预想实现自己幼儿园服务分工目标时可能会遇到的阻碍及可行的解决方法，分析每种方式的优劣之处，思考已有技能对实现目标的帮助，还缺何种技能以及如何展开后期训练。

"幼儿园服务分工大体验"：通过幼儿园服务分工体验活动，体验感兴趣的幼儿园服务分工的工作内容。

模块三：活动分享，我交流

"我的心得与感受"：讲述一学期来自己在幼儿园服务分工体验方面的成长与优势，分析变化是如何发生的，分享自己体验过程中的心得和感受。

模块四：行为改善，我反思

"我的新起点"：对比初期的幼儿园服务分工选择，思考已有技能对实现目标的帮助，还缺何种技能以及如何展开后期培养。

模块五：成果汇报，我开展

"我的成果汇报"：对课程活动中的过程性结果，可以用手抄报、思维导图、照片、心得体会、活动新闻稿等形式进行展示。

四、课程实施

本课程适用对象为五年级学生，主要采用活动体验式教学，课程资源为幼儿园提供的可供学生亲身体验的幼儿园服务岗位。在全班范围内，以小组为单位开展教学活动，每组6—8人。具体课程实施方法如下。

（一）活动资源的信息收集

1. 加强学校、社区以及幼儿园之间的协调。以"服务幼儿园"活动为载体，以学校教育教学为主阵地，以服务幼儿园活动为平台，学校和幼儿园利用双方共享的丰富资源，积极开展学校和幼儿园的共建活动，由幼儿园提供适合小学生亲身体验的幼儿园服务工作岗位：如示范升旗岗位、陪伴游戏岗位、介绍小学生活岗位、分餐岗位、才艺展示岗位、图书管理岗位、整理床铺岗位等，并邀请部分小学老师及幼儿园工作人员参与服务幼儿园分工的基础技能和才艺技能的培训工作。

2. 做好学校和家庭之间的沟通。给五年级的家长发《致家长一封信》，增强家长对此项学习活动的认识，宣传"服务幼儿园""培养劳动意识"的意义和理念，并邀请部分家长参与服务幼儿园分工的基础技能和才艺技能的培训工作。

3. 注重课程间的联系与呼应。引导学生关注体验的历程，关注自己在探索、体验中的感受和方法，只有当学生了解自己的兴趣、能力和价值观所在，对幼儿园服务分工有了初步的认识，才能确定目标，更好地选择适合自己的幼儿园服务分工。

4. 鼓励学生分享和表达。由于本课程进行方式是以体验和探索为主，采用启发式讲授、体验式、合作式讨论与展示分享等形式，故而在课程学习中有分享交流环节，其中有表达、讨论，也必然会有意见的分歧。教师的主要角色是引导者和陪伴者，引导活动间的过渡，在适当的时候对课堂讨论做出中肯客观的评价与总结，并非传统意义上的知识传授者和判断者。

（二）活动的时间安排

本课程共五个模块，10个主题，每周一课时，每个主题一课时，共计10课时。第七主题的课程可以以班级为单位为幼儿园提供服务，同时可以根据活动内容、时间、地点、参与人员等进行适当调整，力求课程的丰富性和独特性相结合。

（三）活动的实施

每次体验活动都要有周密的策划书，因为活动涉及了参与活动的教师、学生、教学辅助人员、场地规划、安全教育、后勤保障等诸多因素。更重要的是要有明确的幼儿园服务分工体验活动的目的、活动形式和内容、活动结果的体现。

1. 明确活动的时间、地点以及参与班级。

2. 设计具有感召力的主题宣传语。学生根据每次活动内容自主设计宣传语，调动参与活动的热情和兴趣，让活动有前期的愿景，大家带着愿景参与活动可以直接提升活动的质量和效果。

3. 设计明确的服务内容、服务目标。其目的是防止活动走过场。社区服务职业体验活动有很多不确定的客观因素，场地的布置、时间的安排、人员的调配等，都是很容易发生变化的。制定了活动目标，就会协调各种环境突发情况，让活动向既定目标迈进。

4. 做好安全保障。学生行为教育时间、管理人员及通行安排、建立师生通信联络、发《致家长的一封信》等。

5. 预设行程安排。在相对单一的活动时间内安排好行程，可以保证幼儿园服务分工体验活动充分展开、流畅进行、顺利完成。

6. 分享服务收获。通过幼儿园服务分工体验活动，体验感兴趣的幼儿园服务分工的工作内容，分享自己体验过程中的心得和感受。

7. 总结服务反思。对比初期的幼儿园服务分工选择，思考已有技能对实现目标的帮助，在实际体验幼儿园分工活动中还缺何种技能以及如何展开后期培养。

8. 展示服务成果。对课程活动中的过程性结果，可以用手抄报、思维导图、照片、心得体会、活动新闻稿等形式进行展示。（见表7-6）

表7-6 "服务社区——重返幼儿园"课程记录表

时间		地点		参与班级	
主题					
服务内容					
服务目标					
安全保障					
行程安排					
服务收获					
服务反思					
服务成果					

五、课程评价

由于本课程进行方式是以体验和探索为主，因此评价标准侧重于课堂参与讨论、个人社区职业档案、真实体验历练过程以及课后作业与心得这四个环节。本课程采用学分制评价，考评按照自评、互评、指导教师评价、幼儿园工作人员评价相结合的方式进行，最后形成个人学分，细则如下。

1. 课堂参与讨论环节：能够积极参与并清楚表达自己的想法，尊重同学发言，接受同学意见。

2. 个人职业档案环节：能够完成服务幼儿园个人职业档案的各个部分，突出自己的特性，能够与人分享自己的档案制作历程。

3. 真实体验历练环节：在体验幼儿园服务职业分工中能够关心他人、热心公益、积极为需要帮助的人提供帮助和服务，有较强的社会责任感。

4. 课后作业心得环节：能够清楚地说明自己在学习过程中的经历、感悟是什么和从何而来。

5. 总成绩：学生个人最终成绩=20%自评得分+20%互评得分+30%指导教师评分+30%幼儿园工作人员评分，总分满分为100分。（见表7-7）

表7-7 "服务社区——重返幼儿园"课程评价表

评价项目	评　价　要　点	满分	评　价　结　果			
			自评	互评	师评	幼儿园工作人员评价
课堂参与讨论	能够积极参与并清楚表达自己的想法，尊重同学发言，接受同学意见。	25分				
个人职业档案	能够完成服务幼儿园个人职业档案的各个部分，突出自己的特性，能够与人分享自己的档案制作历程。	25分				
真实体验历练	在体验幼儿园服务职业分工中能够关心他人、热心公益、积极为需要帮助的人提供帮助和服务，有较强的社会责任感。	25分				

活跃的学习图景：学校课程深度实施

评价 项目	评 价 要 点	满分	评 价 结 果			
			自评	互评	师评	幼儿园工作 人员评价
课后 作业 心得	能够清楚地说明自己在学习 过程中的经历、感悟是什么 和从何而来。	25分				
小　计		100分				
总　分						

（撰稿者：张静）

第四节

社会服务：我是小小宣讲员

2017年，教育部发布的《中小学综合实践活动课程指导纲要》指出："坚持教育与生产劳动、社会实践相结合，引导学生深入理解和践行社会主义核心价值观，充分发挥中小学综合实践活动课程在立德树人中的重要作用"，综合实践活动课程的活动方式主要包括考察探究、社会服务、设计制作和职业体验。其中社会服务是指学生在教师的指导下，走出教室，参与社会活动，以自己的劳动满足社会组织或他人的需要，如公益服务、志愿服务、勤工俭学等，在此过程中学生既增加了学习技能，又提高了团结协作的能力及社会责任感。

著名教育家陶行知先生指出"生活即教育"，中小学德育工作需要遍布社会生活的各个方面，也说明需要在社会生活中发展教育，教育离不开生活并且为生活服务，作为教育者和社会，需要为学生打造合适的社会服务大课堂，发展学生的综合素养。

一、课程价值

西园新村小学北校地处市区繁华商圈和科教文化区域，周围人流密集，社会志愿者服务站也较多，有一定的社会服务基础。基于综合实践课程、德育课程的要求，"我是小小宣讲员"课程应运而生。

该课程的理念是让六年级学生在经过计划、服务、分享、反思、改善，全面参与到社会服务中去，提高学生的口头交际能力，激发社会责任感和热爱家乡、服务家乡的感情。此课程的价值主要有：

1. 落实课程要求。"我是小小宣讲员"课程涵盖了综合实践课程、道德与法治课程、德育课程及语文课程的内容，社会实践、调查研究、劳动技术、小队活动等，恰好落实了课程的要求，也对校内课程进行了拓展与延伸。

2. 提升核心素养。"社会参与"是"中国学生发展核心素养"中极其重要的一方面。"我是小小宣讲员"课程让学生充分了解社会话题，与他人大方交流、协作互助，参与社会实践，服务社会，提升核心素养。

3. 培养社会责任感。能够让孩子了解并参与到社会中去，关心社会发展，用自己的服务为社会贡献一份力量，培养社会责任感，激发热爱家乡、建设家乡的感情。

二、课程目标

1. 初步了解交通安全、环境保护、文明礼仪、语言文字规范等方面的社会知识，掌握宣讲员讲解的技巧。

2. 通过各种方法收集资料，设计合理的宣传材料，充分展示并用普通话流利地讲解出来，切实参与社会服务。

3. 在参与社会服务后，能够与他人分享展示成果，反思总结，改善服务过程，感受劳动带来的成就感。通过热心参加社会的志愿服务，激发社会责任感和热爱祖国、热爱家乡的情感。

三、课程内容

本课程以设计宣讲服务方案及参与服务为内容展开，共分为五个模块，具体如下。

模块一：社会话题，我选择

学生认真学习《道德与法治》《综合实践活动》等相关教材，从交通安全、环境保护、文明礼仪、语言文字规范等四个方面选择一个自己感兴趣的社会话题，通过课外收集资料，课堂展示的方式了解自己选择的话题，并设计一份完整的《城市××研究报告》，深入了解宣讲话题。

模块二：宣讲计划，我设计

通过课堂讲解和一系列比赛，学生说好普通话；开展"小小宣讲员"技能培训讲座，学习基本礼仪、语言表达、宣讲技巧等；根据选择的社会话题，在学校周边区域进行走访调查，团队设计出一份可行的、具有安全保障的宣讲计划，做好参与服务的先行准备。

模块三：宣讲服务，我参与

针对相关社会话题的特点，"小小宣讲员"到达学校周边相关区域，布置好宣讲展板，对社会民众进行耐心的宣传讲解，并与他们大方交流，答疑解惑，提高人际交往能力。教师与学生一起参与，辅导协助，相关人士保障安全和活动场地，使宣讲活动顺利展开。

模块四：宣讲成果，我展示

校外宣讲活动结束后，组织有效的反馈活动，记录宣讲活动日志，学生通过照片、视频、日志分享活动的成果，并在学校网站、公众号上发布活动新闻。不同小队在班级进行"我是小小宣讲员"成果汇报会，和班级的同学老师分享活动过程和心得，激发学生的成就感。学校举行"社会'小小宣讲员'的那些事儿"主题征文比赛，让学生体会参与社会服务的点点滴滴、酸甜苦辣。

模块五：家乡发展，我献计

对活动进行反思与总结，反思有哪些可以改善的方面，对家乡建设提出自己的建议和看法，讨论如何让家乡变得更美好，培养社会责任感。

四、课程实施

本课程适合六年级学生，以班级各小队为单位，通过选择社会话题、设计宣讲计划、参与宣讲服务、分享宣讲成果、反思改善服务这些步骤实施，每个步骤所用2—3课时，校内课程需要在综合实践、班会或语文课堂上完成，校外课程需要利用节假日时间，共计10—15课时。

课程资源包：相关教材、交通安全、环境保护、文明礼仪、语言文字规范国家要求法律及标准、宣讲员技能讲座PPT、相关话题的宣传单、展板、小队横幅、志愿者服务手册等。

安全保障：校内实施的课程依据学校安全保障。校外实施的课程学校需要设计校外活动安全预案、科学策划和组织校外活动，对学生进行户外安全知识教育。在学校周边服务时，社区民警、城管中心、交警参与安全保障，选择合适的时间和地点，活动期间由家长和带队老师陪同等。

（一）选择社会话题

1. 学生学习《道德与法治》《综合实践活动》等相关教材，通过教师介绍，班级各小队从交通安全、环境保护、文明礼仪、语言文字规范四个方面选择一个自己感兴趣的社会话题展开了解。

2. 布置作业让学生收集资料，根据所选择的社会话题每人设计一份完整的《城市××研究报告》，评选优秀的研究报告在班会上展示，并在班级、学校展板中展览。

（二）设计宣讲计划

1. 讲好普通话。准备不同课文的片段，举行校园内普通话比赛。通过课堂讲解和一系列比赛，使学生练习说好普通话。

2. 邀请社区的宣讲员到学校对学生开展"小小宣讲员"技能培训讲座，学生学习基本礼仪、语言表达、宣讲技巧等。

3. 每小队根据选择的社会话题，设计出一份可行的、具有安全保障的宣讲计划，包含活动名称、活动背景、活动目的、活动时间、活动地点、活动对象、宣传方式、前期准备、活动过程、后期分析、安全保障等。

（三）参与宣讲服务

1. "交通安全小小宣讲员"：针对学校所处的西园路、南一环、肥西路和龙河路交通情况，统一着装，按照宣讲计划在行人等待红绿灯的区域发放交通安全传单，对行人进行安全讲解和劝导，教师与家长记录活动过程。

2. "环境保护小小宣讲员"：在学校所在的西园新村小区内，统一着装，按照宣讲计划在相应位置布置宣讲展台和展板，为小区民众发放环保布袋，讲解生活环境保护知识。对人们进行垃圾分类知识的普及和指导，答疑解惑，帮助人们区分厨余垃圾、有害垃圾、可回收垃圾及其他垃圾。教师在旁边辅导学生讲解，家长记录活动过程。

3. "文明礼仪小小宣讲员"：在学校所在的西园新村小区内或学校附近的三里庵国购广场门口，统一着装，在相应位置布置宣讲展板，张贴宣传标语，分发"做文明市民"公益传单。在电动自行车摆放处、商店门口进行文明宣传，并对随手扔垃圾、随地吐痰等行为进行文明劝导。

4. "语言文字小小宣讲员"：在学校附近的三里庵国购广场门口，统一着装，在相应位置布置宣讲展板，张贴宣传标语，给过往的行人讲解并号召大家"说普通话，写规范字"。同时开展"啄木鸟行动"，寻找附近商店出现的不规范汉字，并建议商家改正。

（四）分享宣讲成果

1. 校外宣讲活动结束后，组织有效的反馈活动，记录宣讲活动日志，学生通过照片、视频、日志分享活动的成果，并在学校网站、公众号上发布活动新闻。

2. 不同小队在班级进行"我是小小宣讲员"成果汇报会，和班级的同学老师分享活动过程和心得，评选出"优秀宣讲员"和"优秀宣讲小队"，激发学生的成就感。

3. 学校举行"社会小小宣讲员的那些事儿"主题征文比赛，小小宣讲员提交自己的作品，让学生体会参与社会服务的点点滴滴、酸甜苦辣。

（五）反思改善服务

1. 学生完成"我是小小宣讲员"校外服务后，进行反思与总结，分析自己的服务过程中出现的问题，并对宣讲计划提出可以改进的地方。

2. 每个宣讲小队根据所选择的社会话题，讨论如何让家乡变得更美好，完成一封《××主题倡议书》，倡导大家共建美好家园。

五、课程评价

"我是小小宣讲员"课程采用多种评价方式相结合的方式，要将过程性评价和结果性评价结合起来，促进学生潜能的发展，关注学生核心素养，激发学生参与活动的热情。

（一）学分制评价

对学生在课程的参与过程和收获成果进行评价，具体分为模块一至模块五共计五个项目，每个项目根据课程内容有对应的项目评分细则，采用学分进行评价，学生完成即可得相应学分，累计最终学分。（见表7-8）

（二）展示性评价

对课程活动中的部分结果，如社会话题的研究报告、小宣讲员的心得体会、成果展示、活动新闻等，在班级及学校网站、公众号进行展示，激发学生参与活动的热情和成就感。

表7-8 "我是小小宣讲员"课程学分制评价表

评价项目	评 价 细 则	学分	是否完成
模块一	选择社会话题，完成一份完整的《城市××研究报告》	10	
模块二	普通话规范、清晰	10	
	参加小小宣讲员技能培训讲座	10	
	能设计一份可行的宣讲计划	10	
模块三	积极参与宣讲服务	10	
	能大方与行人交谈	10	
模块四	进行成果汇报	10	
	参加主题征文	10	
模块五	对课程有记录、总结与反思	10	
合计完成学分：			
我还想说：			

（撰稿者：吴铭）

后记

合肥市西园新村小学自2016年加入全国品质课程联盟以来，一直行走在课程建设之路上，一路探索、一路思考。《活跃的学习图景：学校课程深度实施》一书是合肥市西园新村小学北校教育集团从"校本课程"建设走向"本校课程"建设的探索实践成果。活跃的学习图景"活跃"之处在哪里？我们以学习方式为课程变革的触点，为大家展现课程实施过程中一幅幅画面。

这是一幅多维学习图。"小天鹅"课程强调深度引导，侧重实践应用，让学生在真实空间中学习、在虚拟情境中学习、在探索中学习、在体验中学习、在比赛中学习、在聆听中学习、在操作中学习……课程不再是规范的教学内容和教材，也不只是"文本认知课程"和"技能培训课程"，我们营造更大的学习空间，提供更多的学习资源，让学生在探学思行一体的多维学习中收获满满。在这之中，学生由过去的被动接受逐渐转变为在新的学校课程氛围中自主探索、主动探究；在具体的实践活动中获得经验的增长和知识的自我建构；在经验累积的基础上建构起知识框架，获得适合自己的学习方式。

这是一幅多彩学科图。学校将国家课程、地方课程与学校课程进行有机整合，科学地挖掘学生内在潜能，培养学生可持续发展的学习能力，提高学生的综合素质。"小天鹅"课程立足儿童，把学生作为认识和发展的主体，全面提高学生学科素养。学科不是狭隘的教科书内容，而是学校要提供更为丰富的学科学习场景。贯彻与落实学生发展核心素养是我们课程关切与研究的重点。课程设置要立足学生发展与学校优势，践行资源整合和学科延展。比如：科学里有文学、有艺术；体育里有数学、有道德；音乐里有诗歌、有美术……只有多渠道、多方式、多方配合、多元评价，激活书本知识，提升学科素养，才能使学生成长为具有终身学习能力和鲜明个性的人才。

这是一幅多面生活图。美国的杜威提出"教育即生活""学校即社会"的主张。陶行知也提出"生活即教育""社会即学校""教学做合一"的基本观点。只有教育和生活相互渗透，让教育来源于孩子现在的生活又服务于孩子未来的生活，才能发挥它巨大的价值，体现终身教育的真谛。像"美食课堂""绿手指种植""科学使用早餐塑料袋""重返幼儿园"这样的课程，为学生构建了寻找自我成长的关键路径。生活既是教育的内容，又是教育的途径。生活是教育的根，是智慧的源泉，正因为人们在生活中受教育，教育才有意义。

每一所学校都有属于自己的文化DNA，每一所学校的课程探索之路都不一样，但只要在行动，就一定有所获。智慧、勇气和坚持，是学校成功的三大法宝。我们每一所学校都要鼓足勇气、坚定信心、持之以恒，带着问题去学习、带着思考去尝试、带着探索去突破，一定能成为课程建设的典型。

感谢合肥市蜀山区教体局搭建的学习平台，感谢上海市教科院品质课程团队的指导，感谢学校和老师们的不懈坚持和努力！

本书编写组

2021年5月

学校整体课程规划的七个关键	978 - 7 - 5760 - 0424 - 3	62.00	2021 年 3 月
课堂教学的 30 个微技术	978 - 7 - 5760 - 1043 - 5	52.00	2020 年 12 月
教学诠释学	978 - 7 - 5760 - 0394 - 9	42.00	2020 年 9 月
原点教学：提升区域育人质量的策略研究			
	978 - 7 - 5760 - 0212 - 6	56.00	2020 年 8 月

学校课程发展精品丛书

学科课程群与全经验学习	978 - 7 - 5760 - 0583 - 7	48.00	2021 年 1 月
育人目标与课程逻辑	978 - 7 - 5760 - 0640 - 7	52.00	2021 年 2 月
学科课程与深度学习	978 - 7 - 5760 - 0505 - 9	52.00	2021 年 2 月
学校课程的文化表情：百花园课程的学科指向与深度实施			
	978 - 7 - 5760 - 0677 - 3	38.00	2021 年 2 月
学校文化与课程变革	978 - 7 - 5760 - 0544 - 8	62.00	2021 年 2 月
语文天生重要：语文学科课程群设计	978 - 7 - 5760 - 0655 - 1	44.00	2021 年 2 月
五育并举的课程体系：致良知课程的旨趣与探索			
	978 - 7 - 5760 - 0692 - 6	48.00	2021 年 1 月
学科课程与育人质量	978 - 7 - 5760 - 0654 - 4	48.00	2021 年 1 月
在地文化与课程图谱	978 - 7 - 5760 - 0718 - 3	46.00	2021 年 2 月
中观课程设计与学科课程发展	978 - 7 - 5760 - 0624 - 7	36.00	2021 年 1 月
大教学：英语学科核心素养培育的课程模式			
	978 - 7 - 5760 - 0462 - 5	46.00	2021 年 1 月

特色学校聚焦丛书

不一样的生命，一样的精彩	978 - 7 - 5675 - 8675 - 8	34.00	2019 年 3 月
童味正醇：特色学校的文化图谱	978 - 7 - 5675 - 8944 - 5	39.00	2019 年 8 月
特色普通高中课程建设探索	978 - 7 - 5675 - 9574 - 3	34.00	2019 年 10 月

儿童是天生的探索者：360°科学启蒙教育

　　　　　　　　　　　　　　978 - 7 - 5675 - 9273 - 5　　36.00　　2020 年 2 月

做精神灿烂的教师：教师自我成长的 5 个密码

　　　　　　　　　　　　　　978 - 7 - 5760 - 0367 - 3　　34.00　　2020 年 7 月

让教育温暖而芬芳　　　　　978 - 7 - 5760 - 0537 - 0　　36.00　　2020 年 9 月

快乐教育与内涵生长　　　　978 - 7 - 5760 - 0517 - 2　　46.00　　2020 年 12 月

故事教育与儿童发展　　　　978 - 7 - 5760 - 0671 - 1　　39.00　　2021 年 1 月

美好教育：学校内涵发展的循证研究　978 - 7 - 5760 - 0866 - 1　　34.00　　2021 年 3 月

把美好种进儿童心田　　　　978 - 7 - 5760 - 0535 - 6　　36.00　　2021 年 3 月

倾听生命的天籁："天籁教育"的实践与探索

　　　　　　　　　　　　　　978 - 7 - 5760 - 1433 - 4　　38.00　　2021 年 9 月

为了每一个孩子的美好心愿　978 - 7 - 5760 - 1734 - 2　　50.00　　2021 年 9 月

向着优秀生长："模范教育"的理念与实践

　　　　　　　　　　　　　　978 - 7 - 5760 - 1827 - 1　　36.00　　2021 年 11 月

跨学科课程丛书

大情境课程：主题设计与创意评价　978 - 7 - 5760 - 0210 - 2　　44.00　　2020 年 5 月

社会参与素养的培育模型与干预机制　978 - 7 - 5760 - 0211 - 9　　36.00　　2020 年 5 月

大概念课程：幼儿园特色主题活动设计

　　　　　　　　　　　　　　978 - 7 - 5760 - 0656 - 8　　52.00　　2020 年 8 月

项目学习：进入学科的课程智慧　978 - 7 - 5760 - 0578 - 3　　38.00　　2021 年 4 月

STEAM 课程的设计与实施　978 - 7 - 5760 - 1747 - 2　　52.00　　2021 年 10 月

幼儿个性化运动课程　　　　978 - 7 - 5760 - 1825 - 7　　56.00　　2021 年 11 月

核心素养导向的课堂教学丛书

漾着诗性智慧的课堂教学　　978 - 7 - 5675 - 9308 - 4　　39.00　　2019 年 7 月

转识成智的课堂教学：核心素养导向的历史教学

　　　　　　　　　　　　　　978 - 7 - 5760 - 0164 - 8　　40.00　　2020 年 5 月

学导式教学：学会学习的教学范式　978 - 7 - 5760 - 0278 - 2　　42.00　　2020 年 7 月

高阶思维教学的关键技术	978 - 7 - 5760 - 0526 - 4	42.00	2021 年 1 月
会呼吸的语文课：有氧语文的旨趣与实践			
	978 - 7 - 5760 - 1312 - 2	42.00	2021 年 5 月
高阶思维教学的核心指向	978 - 7 - 5760 - 1518 - 8	38.00	2021 年 7 月
磁性课堂：劳动技术课就这样上	978 - 7 - 5760 - 1528 - 7	42.00	2021 年 7 月
核心素养导向的作业设计	978 - 7 - 5760 - 1609 - 3	40.00	2021 年 8 月
语文,让精神更明亮	978 - 7 - 5760 - 1510 - 2	42.00	2021 年 9 月
"六会"教学法：基于核心素养的课堂教学			
	978 - 7 - 5760 - 1522 - 5	42.00	2021 年 9 月

特色课程建设丛书

教师,生长的课程	978 - 7 - 5760 - 0609 - 4	34.00	2020 年 12 月
学校课程发展的实践范式	978 - 7 - 5760 - 0717 - 6	46.00	2020 年 12 月
丰富学习经历：如歌式课程的愿景与深度			
	978 - 7 - 5760 - 0785 - 5	42.00	2020 年 12 月
学科课程群设计方法	978 - 7 - 5760 - 0579 - 0	44.00	2021 年 3 月
学校美育课程的立体建构：菁华园课程的逻辑与框架			
	978 - 7 - 5760 - 0610 - 0	36.00	2021 年 3 月
关键学习素养与学科课程设计	978 - 7 - 5760 - 1208 - 8	34.00	2021 年 4 月
学校课程设计：愿景建构与深度实施	978 - 7 - 5760 - 1429 - 7	52.00	2021 年 4 月
生长性课程：看见儿童生长的力量	978 - 7 - 5760 - 1430 - 3	52.00	2021 年 4 月
"慧阅读"课程：儿童视角	978 - 7 - 5760 - 1608 - 6	42.00	2021 年 6 月
诗意栖居的课程愿景：智慧岛课程的逻辑与深度			
	978 - 7 - 5760 - 1431 - 0	44.00	2021 年 7 月
每一个孩子都是最重要的人：V - I - P课程的内在意蕴与学科视角			
	978 - 7 - 5760 - 1826 - 4	54.00	2021 年 8 月
给每一个孩子带得走的能力：井养式课程的旨趣与探索			
	978 - 7 - 5760 - 1813 - 4	42.00	2021 年 10 月
指向核心素养的课程统整框架：I AM BEST 课程的学科之维			
	978 - 7 - 5760 - 1679 - 6	48.00	2021 年 11 月